Excelで読み取る
経済データ分析

橋本 紀子 著

新世社

本書で記載しているマイクロソフト製品は米国 Microsoft 社の登録商標または商標です。
その他，本書で記載している会社名，製品名は各社の登録商標または商標です。
本書では ® と ™ は明記しておりません。
本書中に記載のある URL などの情報は，2013 年 5 月現在のものです。

はじめに

　本書は，経済に興味を持つ人が実際の経済データを入手し，Excelを使って表やグラフ，数値指標にまとめ，その内容を読み取り，日本の経済の動きについて知るためのノウハウについてまとめたものです。経済の動きに興味を持つ方なら，経済学部の学生に限らず，理科系を含む他の学部に属していても，また社会人であっても，中学生や高校生であっても，広く利用していただける自習タイプの本になっています。

　本書は3つのパートに分かれています。Excelで表を作成し簡単なグラフを作成するところから，より複雑なグラフ，統計学の知識を生かした分析まで，現実の経済データを使いながら例題形式でExcelの操作を学ぶとともに，経済情報の読み取り方や日本経済に強くなることができます。なお，説明にはExcel 2013を用いました（第2章末の「補足ステップ」に，以前のバージョンとの違いをまとめています）。

　また本書は，関西大学経済学部1年次の秋学期必履修科目「経済学ワークショップ2」で利用した教材をベースにしていますので，講義やセミナーでも利用いただけます（講義で利用する際のポイントを，後述する「講義で利用するには」にまとめています）。

　私たちが生きていくとき，「経済」と関わらずに暮らしていくことはできません。「経済」に関する情報を入手し，正しく読み取り，自分の意見を作って他者と意見交換（コミュニケーション）し，問題解決に役立てていく力は，現代社会を生き抜くうえで必須のスキルです。

　パソコン（PC）やインターネットが身近なものになり，たとえばキーボードを操作したり情報を検索したりする皆さんのスキルは，近年格段に向上しています。しかし，ExcelやWordといった基本的なアプリケーションを使いこなせているか，出力結果を正しく読み取り自分の判断に生かせるかといった点から見ると，まだまだ問題があるのが現状です。

　本書には，大きく3つのねらいがあります。

① データを扱う能力を身につけること

　　データを入手し，情報を取り出しやすいようにまとめ，その内容を正しく読み取り，問題解決に役立てる力を身につけます。PC（Excel）を利用しデータの整理を行えることはもちろんですが，その意味を読み取りそれを踏まえた考察ができるようになること，自分の言葉として表現し他人と意見交換ができること（いわゆるコミュニケーション能力），そしてそれを問題解決に結びつけていく力を身につけることをめざします。

② 現実のデータの動きから，（日本）経済について実証的に知ること

　　経済に関わる話題（理論）は，多くの複雑な現象に対応させるために，ともすれば

はじめに

抽象的でわかりづらいところがあります。「経済学」が身の回りの経済現象とは異なるように見えることさえあるでしょう。しかし，当然のことながらそんなことはありません。

現実の日本経済データを利用し，自分でグラフや数値指標にまとめていくことを通して，「経済理論」の意味を実感し，経済の現象をより身近に具体的に体感・理解します。

③ （現在は，小・中・高等学校で学んでいる）統計学の基礎を身につけること

しばらく前に「ゆとり教育」ということばが話題になりました。「ゆとり教育」当時の学習指導要領（平成10年度改訂版）では，すべての科目で教科内容が3割削減され，算数・数学の分野では統計学に関する内容が大きく削減されていました。しかし，世の中は情報化，グローバル化の時代です。現在の高2以下が段階的に学んでいる新しい学習指導要領の下では小・中・高等学校で学ぶ統計学の内容は，今までのどの時代よりも拡充されました。大学生であれ社会人であれ，そのレベルの知識はしっかりと身につけておく必要があるでしょう。

※次の表は新学習指導要領に基づく，小・中・高等学校で学ぶ統計学に関する内容です。
平成10年度改訂版の学習内容は ☐ で囲んだ項目のみ（太線：必修，細線：選択）です。

小1	ものの個数を絵や図などを用いて表したり読み取ったりする。
小2	身の回りにある数量を分類整理し，簡単な表やグラフを用いて表したり読み取ったりする。
小3	資料を分類整理し，表やグラフを用いて表したり読み取ったりする。棒グラフ。
小4	目的に応じて資料を集めて分類整理し，表やグラフを用いてわかりやすく表したり，特徴を調べたりする（資料を2つの観点から分類整理して特徴を調べる。折れ線グラフ）。
小5	目的に応じて資料を集めて分類整理し，特徴を調べる。円グラフや帯グラフ。
小6	資料の平均や散らばりを調べ，統計的に考察したり表現したりする（資料の平均，度数分布を表す表やグラフ。具体的な事柄について，起こりえる場合を順序よく整理して調べる）。
中1	ヒストグラムや代表値の必要性と意味を理解する。ヒストグラムや代表値を用いて資料の傾向をとらえ説明する。平均値，中央値，最頻値，相対度数，範囲，階級。
中2	確率の必要性と意味を理解し，簡単な場合について確率を求める。確率を用いて不確定な事象をとらえ説明する。
中3	標本調査の必要性と意味を理解する。簡単な場合について標本調査を行い，母集団の傾向をとらえ説明する。全数調査。
高校	数学Ⅰ［必履修］ データの分析（データの散らばり，データの相関）
	数学A［選択］ 場合の数と確率（場合の数（数え上げの原則，順序，組合せ），確率（確率とその基本的な法則，独立な試行と確率，条件付き確率））
	数学B［選択］ 確率分布と統計的な推測（確率分布（確率変数と確率分布，二項分布），正規分布，統計的な推測（母集団と標本，統計的な推測の考え））

本書が皆さんの問題解決能力をより充実させ，経済に対する興味を増進させる一助となることを心より願っています。

　最後になりましたが，「経済学ワークショップ2」の運営にご協力いただき，またさまざまな建設的なご意見をいただいた講師の先生方にこの場をお借りして厚く御礼を申し上げます。また，再三にわたり原稿が遅延するのを我慢強く叱咤激励くださるとともに，編集・校正の労をお取りいただきました新世社編集部の御園生晴彦様に心より御礼を申し上げます。

　2013年5月

橋本　紀子

■講義で利用するには

　一例として，本書を関西大学経済学部の「経済学ワークショップ2」で用いた場合を紹介します。この講義は1年生全員が受講する秋学期の科目で，1クラス45名程度のPC実習科目です（ティーチング・アシスタントが2名つきます）。なお，春学期に全員がPCの基本操作，メールやブラウザ，WordやExcelの初歩の操作を学んでいます。

　90分の講義は，(1) 前回の課題の講評・解説，(2) その日の課題に関わる考え方，手法・操作方法の説明，(3) 課題の実習という流れです。課題は宿題とし，3日後までにメールにファイルを添付して提出し，残る3日間で担当者が採点・添削し，次回のはじめに返却します。

　本書に掲載した内容は，(2) で用いる教材にあたります。受講者全員が例題ファイルにアクセスできる環境を準備しておき，教員の考え方や手法の説明の後，受講者が操作の練習をします。

　教員は，毎回，(3) にあたる課題を別途準備します。(2) とは異なるデータで，同種の操作・グラフ作成や数値計算を行い，考察する問題です。たとえば積み上げ棒グラフの学習を行う回に，(2) として本書第5章の内容を学習した後，(3) として第12章の練習問題12-7を問うイメージです。

　なおPCの操作に関しての学生のスキルは高いことが多く，相当数の学生は本書1章分の作業を30分程度で行うことができます。ただ本書第11章はローレンツ曲線の回とジニ係数の回，2回に分けて実習する方がよいでしょう。

■Excel画面各部の名称

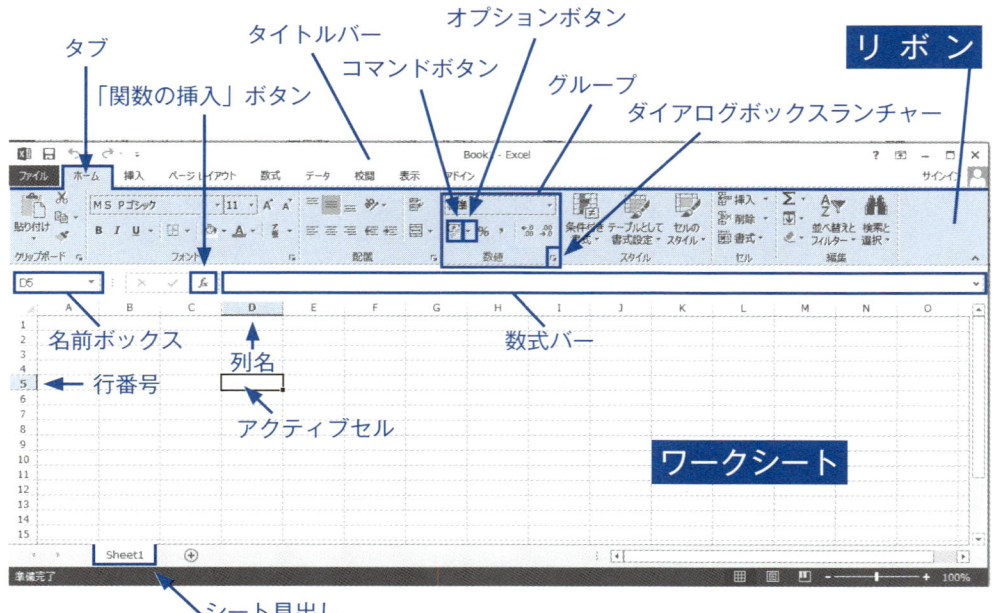

目　次

第1部　グラフを描いて，情報を整理しよう

第1章　情報に基づいて，表を作ろう　2
- 1.1　データを，表にまとめてみよう　2
- 1.2　データの探し方　3
- 1.3　例題1　表を作ろう　7

第2章　棒グラフを描いて，大小関係を比較しよう　12
- 2.1　表にまとめたデータを，棒グラフに表してみよう　12
- 2.2　例題2　棒グラフを描こう　14

第3章　円グラフを描いて，比率の大きさを比較しよう　23
- 3.1　絶対番地を用いて比率を計算し，円グラフに表してみよう　23
- 3.2　例題3　円グラフを描こう　25

第4章　折れ線グラフを描いて，時代による推移を見よう　33
- 4.1　時系列データの変化を，折れ線グラフに表してみよう　33
- 4.2　例題4　折れ線グラフを描こう　35

第5章　積み上げ棒グラフを描いて，項目ごとの値やその比率を見よう　45
- 5.1　全体の大きさに加えその内訳も，積み上げ棒グラフに表してみよう　45
- 5.2　例題5　積み上げ棒グラフを描こう　47

第6章　第2軸を使った複合グラフを描いて，重要項目を洗い出そう　53
- 6.1　パレート図を描いて，重要な要因を洗い出そう　53
- 6.2　例題6　パレート図を描こう　56

第2部　統計学の知識を使って，情報を整理しよう

第7章　ヒストグラムを描いて，データの分布を把握しよう　66
- 7.1　度数分布表やヒストグラムから，クロスセクションデータの特徴をとらえよう　66
- 7.2　例題7　ヒストグラムを描き，平均を求めよう　68

7.3 歪んだ分布における「中心」の位置 ……………………………………… 75

第 8 章　データのばらつきをとらえて，その大きさを評価しよう　77
8.1 データのばらつきをさまざまな角度からとらえよう ……………………… 77
8.2 例題 8　標準偏差や変動係数を求めよう …………………………………… 81

第 9 章　箱ひげ図を描いて，データのばらつきを視覚化しよう　86
9.1 箱ひげ図を描いて，データのばらつきをとらえよう ……………………… 86
9.2 例題 9　箱ひげ図を描こう …………………………………………………… 90

第 10 章　散布図を描いて，2 つの変数の関係を見よう　96
10.1 散布図を描いて，2 つの変数の関係をとらえよう ………………………… 96
10.2 例題 10　散布図を描き，相関係数を求めよう …………………………… 101

第 11 章　ローレンツ曲線やジニ係数から，不均等度をとらえよう　107
11.1 ローレンツ曲線を描いて不均等度を視覚化し，ジニ係数で
　　 その大きさを比較しよう …………………………………………………… 107
11.2 例題 11　ローレンツ曲線を描き，ジニ係数を求めよう ………………… 110

第 3 部　〈応用編〉データから，日本経済の動きをとらえよう

第 12 章　データの動きから，日本経済を見よう　120
12.1 日本経済の重要課題をデータからとらえよう
　　 ──経済学と経済データのつながりを知ろう …………………………… 120
12.2 事例 1　データから日本経済の成長ぶりをとらえよう ………………… 121
12.3 事例 2　データから財政の現状について知ろう ………………………… 127
12.4 事例 3　データから少子高齢化の現状について知ろう ………………… 132

第 13 章　寄与度や寄与率から，日本経済の成長要因を知ろう　136
13.1 寄与度や寄与率を用いて，日本経済を支えている
　　 経済活動について知ろう …………………………………………………… 136
13.2 例題 12　寄与度や寄与率を求めよう ……………………………………… 139

索　　引 ………………………………………………………………………………… 146
著者略歴 ………………………………………………………………………………… 149

第1部

グラフを描いて，情報を整理しよう

- 第1章　情報に基づいて，表を作ろう
- 第2章　棒グラフを描いて，大小関係を比較しよう
- 第3章　円グラフを描いて，比率の大きさを比較しよう
- 第4章　折れ線グラフを描いて，時代による推移を見よう
- 第5章　積み上げ棒グラフを描いて，項目ごとの値やその比率を見よう
- 第6章　第2軸を使った複合グラフを描いて，重要項目を洗い出そう

第1章
情報に基づいて,表を作ろう

■この章で学ぶこと
1. 経済データを入手しよう。
2. 入手したデータを入力・加工し,表にわかりやすくまとめよう。

■キーワード
□ 経済データのポータルサイト
□ 数式の入力と複写
□ 有効数字
□ 表のレイアウト

1.1 データを,表にまとめてみよう

本書では,さまざまな経済データを入手し,表やグラフにまとめ,特性を表す指標を計算し,それらをもとにデータの表す情報を読み取るスキルを身につけていきます。

第1章では,データを入手し,それをもとに基本的な表を作成していく方法について学んでいきます。

例として,次の表1-1を見てください。近畿地方の2府4県の人口や面積,それに関わる基本的な数値がまとめられています。レポートや報告書の中で近畿地方について取り上げ,その府県別の特徴を記述・比較したいとき,ただ文章で説明するだけでなくこのような表を示せば,よりわかりやすくなり,説得力を増すことができます。

表1-1 近畿地方の府県別人口や面積

地域	人口 (千人)	面積 (km^2)	世帯数 (千世帯)	人口密度 (人/km^2)	1世帯あたり人数(人)
滋賀	1,394	3,767	525	370.1	2.66
京都	2,543	4,613	1,133	551.3	2.24
大阪	8,680	1,899	3,964	4570.8	2.19
兵庫	5,572	8,396	2,382	663.6	2.34
奈良	1,401	3,691	565	379.6	2.48
和歌山	1,019	4,726	432	215.6	2.36

このような表はどのようにして作ればよいのでしょうか。3つの段階に分けて学んでいきます。

① まず，**基本となるデータ**を入手しなければなりません。人口や面積，世帯数といった暮らしの土台となる，あらゆる政策の基本となるデータは，決まった時期に国や地方自治体によって調査されています。では，それらのデータはどこで入手できるのでしょうか。1.2 では，公的機関が行った統計調査の結果を入手する方法について，どこを，どのような方法で探せばよいか説明します。

② 入手したデータを Excel の表に入力します。それらの値を使い，簡単な計算で新しい情報に加工することもできます。表 1-1 では人口密度や1世帯あたりの人数は，人口や面積などの入手したデータをもとに計算されています。これらの計算の仕方について 1.3 で学びます。

③ データを入力・計算しただけでは，表は見づらいままです。どうすれば見やすい，情報を誤ることなくしっかり伝えられる表にできるでしょうか。**表のレイアウト**のポイントについても 1.3 で説明します。

1.2 データの探し方

皆さんは国勢調査ということばを聞いたことがありませんか。「国勢調査」は日本に居住しているすべての人を対象に人口，世帯，産業構造などについて行われる調査で，最も代表的な「基幹統計調査」です。5年ごとに大規模調査と簡易調査が順に行われています。西暦の末尾が0の年に実施される大規模調査では，皆さんの家にも調査票が配られ家族で記入した記憶があるのではないでしょうか。

日本には「国勢調査」を始め，私たちの暮らしや企業活動を把握するためにさまざまな統計がとられています。調査が行われている実感はあまりないかもしれませんが，それは対象者全員が回答する全数調査は「国勢調査」のみで，他の調査は対象者からある数の回答者を指定しその回答者のみに対して調査を行っているからです（たとえば「家計調査」では日本全体の世帯から 8,000 世帯を選び調査を行います）。これらの標本調査では，選ばれた

標本が対象者全体（母集団と呼ばれます）の特徴を歪みなく表すようにさまざまな工夫が凝らされています。

では，これらの統計調査の結果はどこで手に入れることができるでしょうか。報告書といった書籍の形でも公開されていますが，現在では，データを作成した各省庁や地方自治体のサイトから簡単に入手することができます。個々のページからデータを入手することもできます。ただ，表 1-1 の場合，6 つの府県のページでそれぞれ人口や面積を探すのは多少面倒です。そういうときはポータルサイトを利用すると便利です。

図 1-1 は各省庁で作成した代表的なデータをまとめた「政府統計の窓口 e-Stat」のホームページです（http://www.e-stat.go.jp/）。これは日本全体に関わる，さまざまな統計データに関する情報がまとめられたサイトです。「統計データを探す」から知りたいデータを探すことができます。また，データを地図や図表の形にまとめ情報を見やすい形にまとめた「地図や図表で見る」のコーナーもあります。データを利用するとき，その作られ方，対象をより詳しく知りたいことがあります。たとえば消費者物価指数は世の中にあるすべての商品を対象に算出されているわけではありません。それではどのような商品が対象になっているのでしょうか。そういった情報は「調査項目を調べる」にまとめられています。

図 1-1　e-Stat のページ

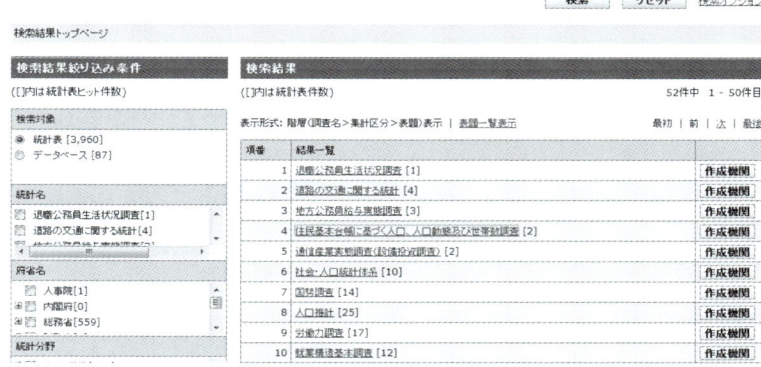

図1-2 「人口　都道府県別」で検索すると

　このサイトで近畿地方の人口データを探してみましょう。「**統計データを探す**」の「**キーワード検索**」で「**人口　都道府県別**」と入力すると52件の検索結果が現れます（図1-2）。これをもとに，絞り込み条件を課したり，それぞれの統計調査の中身を確認したりすることで，目的にあったデータを探してください。

　ここでは，4番目の「**住民基本台帳に基づく人口，人口動態及び世帯数調査**」をクリックし，表番号12-01「**都道府県別人口，人口動態及び世帯数**」のデータを入手することにします。[Excel]ボタンをクリックするとExcel形式のデータ表がダウンロードされます（図1-3）。

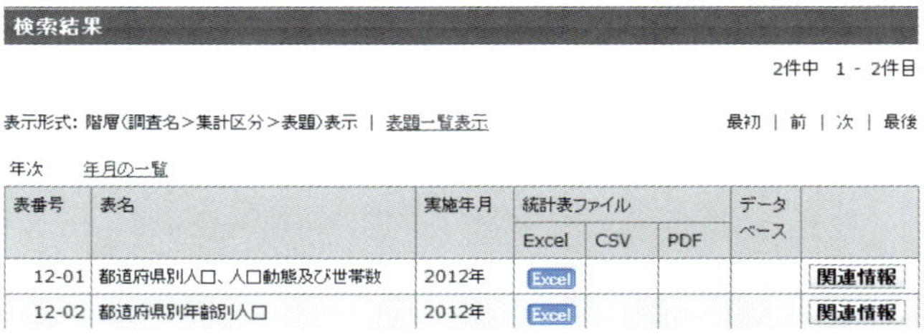

図1-3 「住民基本台帳に基づく人口，人口動態及び世帯数調査」の調査の結果

　住民基本台帳による人口は，国勢調査とともに広く用いられる人口統計です。住民基本台帳とは，各市区町村で世帯ごとに作成する住民票をもとに編成した台帳で，総務省では毎年3月31日現在で住民基本台帳に記載されたデータを集計してこのような人口統計を公表しています。

　ダウンロードされた「1201tjin.xls」ファイルをクリックすると

	A	B	C	D	E	F	G
1	平成24年3月31日人口・世帯数、平成23年度人口動態（都道府県別）						
2	団体コード	都道府県名	平成24年				
3			人口			世帯数	
4			男	女	計		転入者
5		合計	61,842,865	64,816,818	126,659,683	54,171,475	5,
6	010006	北海道	2,592,061	2,882,155	5,474,216	2,685,761	
7	020001	青森県	655,598	727,445	1,383,043	577,351	
8	030007	岩手県	632,865	684,930	1,317,795	506,308	
9	040002	宮城県	1,120,196	1,182,510	2,302,706	918,304	
10	050008	秋田県	512,618	573,400	1,086,018	421,338	
11	060003	山形県	558,711	601,493	1,160,204	401,201	
12	070009	福島県	971,512	1,020,353	1,991,865	747,619	

図1-4 「都道府県別人口，人口動態及び世帯数」（2012年）

Excelが立ち上がりファイルの内容を見ることができます（図1-4）。この表では，冒頭に，この調査がいつ行われたかが書かれています。都道府県別の人口や世帯数の数字が示されていますので，それを利用して表1-1を作成していきます。

もう一度図1-3を見てください。「統計表ファイル」の欄を見ると，

　　　Excel，CSV，PDF

の3つの形式が書かれています。ここでExcelは提供されるファイルがExcel 97-2003ブック形式（拡張子はxls）であることを，CSVはCSV形式（カンマ区切り方式，拡張子はcsv）であることを示しています。これらのファイルは，旧バージョンを含めExcelで開いて読み書きすることが可能です。またPDFはファイルがPDF形式であることを示しています（拡張子はpdf）。PDFファイルを読むには無料で提供されているAdobe社のAcrobat Readerが必要です。同社のwebページ（http://get.adobe.com/jp/reader/）で入手することができます。

　データの探索・入手はe-Statを用いなくてもできます。検索エンジン（たとえばGoogle）で「都道府県別面積」と入力すると，国土地理院のページに情報があることがわかり，「全国都道府県市区町村別面積調」のデータを入手することができます。

　入手したデータをExcelの表に入力してみましょう。地域名，データ名も記入してください。なお人口や世帯数はかなり桁が大きいので，公的データと同様に，千人あるいは千世帯単位で表すことにします。単位も併記すると，1行目の変数名は，順に，地域，人口（千人），面積（km^2），世帯数（千世帯），人口密度（人/km^2），1世帯あたり人数（人）となります。セルの幅が狭くて見えない箇所もありますが，1.3でアレンジしますので，この段階ではそのままで構いません。

罫線も引き，見やすくします。罫線を引きたい箇所を選び，[ホーム] タブ，[フォント] グループの [罫線] ボタンで適切な罫線を選択してください（図1-5）。デフォルトの罫線は実線ですが，「線のスタイル」で点線など他の種類の線を指定することもできます。

表の下には，データの出所や時期について，いつのデータであるか，誰（何という機関）が調査したデータか，何という報告書で公表されているデータか，どこで入手したデータか（オンラインの場合，入手先のURL）などについて情報を記入しておきます。

出来上がりは，たとえば，表1-2のようになります。

1.3では，表1-2から，数値を加工したり，表や数値の形式をアレンジしたりして，表1-1を作成する手順を学んでいきます（平方キロメートルを km² と表記したり，1つのセルに複数行の文字を入力したりする方法も，1.3で解説しています）。

図1-5　罫線ボックス

表1-2　近畿地方の府県別人口や面積（データ入力段階）

	A	B	C	D	E	F	G	H
1								
2		地域	人口（千人）	面積（km2）	世帯数（千世帯）	人口密度（／km²）	1世帯あたり人数（人）	
3		滋賀	1,394	3,767	525			
4		京都	2,543	4,613	1,133			
5		大阪	8,680	1,899	3,964			
6		兵庫	5,572	8,396	2,382			
7		奈良	1,401	3,691	565			
8		和歌山	1,019	4,726	432			
9		データの出所：	人口と世帯数は総務省「住民基本台帳に基づく人口、人口動態及び世帯数」(2012年3月31日現在)、					
10			(http://www.soumu.go.jp/menu_news/s-news/01gyosei02_02000042.html、参考資料1つめ)					
11			面積は国土地理院「全国都道府県市区町村別面積調」(2011年10月1日現在)。					
12			(http://www.gsi.go.jp/KOKUJYOHO/MENCHO/201110/opening.htm)					

1.3　例題1　表を作ろう

> 表1-2の空欄に適切な数値を計算し，表を見やすくアレンジしなさい。

【例題1の解法】

1.2の作業で，必要な情報はすべて入手できました。あとは，この数値をもとに，人口密度や1世帯あたりの人数といった関連する値を計算したり，表を見やすくアレンジした

りして，表 1-1 を完成させます。

> **ステップ 1**　まず，**人口密度の計算**を行っていきましょう。

人口密度は，人口÷面積で計算されます。ただし，表の中の数値は，人口の単位は千人，面積は km^2，人口密度は人／km^2 であることに注意をして作業を進めます。

半角英数モード（半角の英数文字が入力できる状態）で計算したいセル，今は滋賀県の人口密度のセル（**F3**）をマウスで選択します。ここに「1394 × 1000 ÷ 3767」の計算結果を入力したいのですが，Excel をはじめとする表計算ソフトでは，具体的な数値ではなく，「滋賀の人口のセル（**C3**）に入力されている数値」× 1000 ÷「滋賀の面積のセル（**D3**）に入力されている数値」という形で計算を考えます。こうしておけば，後にセル内の数値が変更された場合，自動的に計算結果が変更されます。

この作業を行うためまず，**数式（計算式）を入力すること**を Excel に認識させます。キーボードから「**=**」または「**+**」を入力します。

次に，入力したい式を，セルに入った数字については用いたいセルをクリックすることで，数値や記号はキーボードから打ち込むことで，入力していきます。演算記号は，足す（**+**），引く（**-**），掛ける（*****），割る（**/**）を用います。

操作に応じて，選択されたセルに，セル番号や演算記号が入った数式「**+C3*1000/D3**」が入力されていきます。**F3** のセルやワークシート上部にある数式バーを見てください。

数式を入力し終わったら ENTER キーを押してください。計算結果が出力されます。

京都府以下の他の地域の人口密度は，**相対番地を使った計算式**をコピーすることで簡単に計算できます（相対番地については，第 2 章で詳しく説明します）。①滋賀の人口密度のセル（**F3**）を選択し［ホーム］タブ，［クリップボード］グループの［コピー］ボタンをクリックし，京都から和歌山のセル（**F4** から **F8**）を選択し［貼り付け］ボタン

をクリックしても，②**F3**を選択し，（マウスをいったん離して）点滅するセル右下隅にカーソルを移し，カーソルの形が「＋」に変わったら，マウスの左ボタンを押し下げたまま下にマウスを**F8**まで動かし，ボタンを離してコピーしても構いません。

下右図のように人口密度が計算されます。

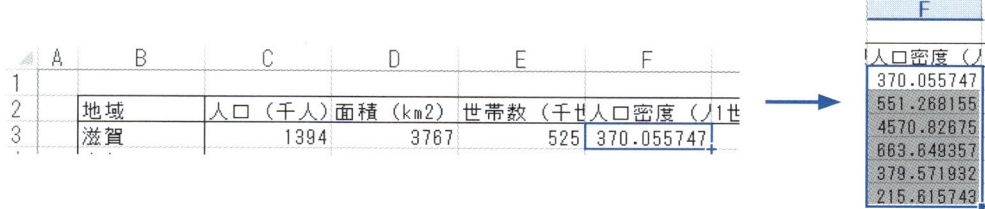

「1世帯あたり人数」も，同様の方法で計算してみましょう（**+C3/E3**）。罫線が崩れた場合は，適宜，修正します。作業を終わると，次のような**表1-3**ができあがります。

表1-3　近畿地方の府県別人口や面積（データ加工後）

A	B	C	D	E	F	G	H
1							
2	地域	人口（千人）	面積（km2）	世帯数（千世帯）	人口密度（／km2）	1世帯あたり人数(人)	
3	滋賀	1,394	3,767	525	370.055747	2.6552381	
4	京都	2,543	4,613	1,133	551.268155	2.24448367	
5	大阪	8,680	1,899	3,964	4570.82675	2.18970737	
6	兵庫	5,572	8,396	2,382	663.649357	2.33921075	
7	奈良	1,401	3,691	565	379.571932	2.47964602	
8	和歌山	1,019	4,726	432	215.615743	2.3587963	

ステップ2　これでデータの入力，データを用いた計算はできましたが，この段階の表は完全にはほど遠い状態です。まず数値の表示形式についてアレンジしていきましょう。

現時点では，小数点の位置が揃っていませんし，また，有効数字（の桁数）も考えられていません。

まず有効数字の考え方を思い出しておきましょう。

① 小数点の位置に関係なく，並んでいる数字の個数を数えます。

　　例：3825も，38.25も，有効数字4桁です。

② 原則として（③のケースを除き），0であっても有効数字の対象です。小数点より右にある0は，有効と見なします。

　　例：20や2.7は有効数字2桁，2.700は有効数字4桁です。

③ ただし，1以下の数字で，0でない数字より前にある0は有効数字と見なしません。

　　例：0.215も，0.00308も，0.000000500も，有効数字3桁です。

③について，もう少し詳しく見ておきます。たとえば（ア）1.5（有効数字2桁）と（イ）1.50（有効数字3桁）は，同じことを表しているように思えます。しかし，これら

の数字が四捨五入の結果であるとき,どのような値を対象とするか考えてみると,(ア)は 1.45 以上 1.55 未満の数字を,(イ)は 1.495 以上 1.505 未満の数字を表しています。このことから,(イ)の方が狭い範囲の数字を指し示すこと,言い換えるならば,数字の存在する位置がより正確に示されていることがわかります。つまり,(イ)の方がより精度が高く,有効な情報を持っています。有効数字の桁数は,数字の持つ情報力を示しているのです。不用意に情報の量を減らすことも,情報がなく意味のない部分まで表示することも避けなくてはいけません。

今回の計算では,人口密度は,人口と面積データを用いて計算しました。人口データ,面積データともすべての府県で有効数字 4 桁です。このことから人口密度は有効数字 4 桁がよさそうです。ただし,ここでは,小数点以下の桁数を同じに揃えるため,小数点以下 1 桁とします(大阪府だけ有効数字 5 桁となります。逆に整数値に揃える考え方もあり得ますが,6 府県中 5 府県で情報が減ってしまいます)。

対象とするデータをまとめて選択し,①マウスの右ボタンをクリックし［セルの書式設定］を選択し,現れたダイアログボックスの［表示形式］タブの［分類］を［数値］に,「小数点以下の桁数」を 1 に設定します。①′［セルの書式設定］［表示形式］タブは,［ホーム］タブ［数値］グループのダイアログランチャーボックスをクリックしても表示できます。また,②対象となるセルを選択した後,［ホーム］タブ［数値］グループの［小数点以下の表示桁数を減らす］ボタン で表示桁を調整することもできます。

1 世帯あたり人数は,人口(有効数字 4 桁),世帯数(有効数字 3 桁が 3 県,4 桁が 3 府県)から計算するので,有効数字 3 桁,小数点以下 2 桁で揃えます(あやふやな情報を排除するため,桁数の少ない方に合わせます)。人口密度と同様の手順で,数値の表示形式を調整します。

人口密度（/）	1世帯あたり人数（人）
370.1	2.66
551.3	2.24
4570.8	2.19
663.6	2.34
379.6	2.48
215.6	2.36

ステップ3 見やすく,情報を見誤らないレイアウトを工夫しましょう。

たとえば,次のような工夫をしてみましょう。

① 文字の入ったセルは,センタリング(中央揃え)しましょう。

　　ただし,数値の入ったセルは,小数点の位置がずれますので,センタリング(中央揃え)してはなりません。セルを選択し,［ホーム］タブ［配置］グループの［中央揃え］ボタン をクリックします。

② 数値のセルは［標準］ではなく［数値］表示に,大きな数値があるときはカンマ区切りします。セルを選択し,［ホーム］タブ［数値］グループの［桁区切りスタイル］ボタン をクリックします。

③ 行の列幅を変更し,文字がセルからはみ出さないようにします。

　　ただし,表の各列は同じ幅の方が見やすいこと,数値の表示と比較して横長すぎる列

は間延びしてしまうことから，変数名が長い列は，行の高さを倍にし（［ホーム］タブ［セル］グループの［書式］で［行の高さ］を選択，適当な数値を設定する），2行にわたって表示（そのセルを選択し，マウス右ボタンをクリックし［セルの書式設定］の［配置］タブで「折り返して全体を表示する」にチェック，または，［ホーム］タブ［配置］グループにある［折り返して全体を表示する］ボタン をクリック）すると見栄えの良い表が作成できます。その際，［配置］タブの［文字の配置］で「横位置」だけでなく「縦位置」もセンタリング（中央揃え）します。なお，［セルの書式設定］［配置］タブは，［ホーム］タブ［配置］グループのダイアログランチャーボックスをクリックしても表示できます。

④ 平方キロメートル（km^2）では，「2」を選択し，マウス右ボタンをクリックして［セルの書式設定］ダイアログボックスを表示させ，［文字飾り］を「上付き」にします。

以上の工夫を行うと，表1-1 が完成します。

表1-1 近畿地方の府県別人口や面積（再掲）

地域	人口 (千人)	面積（km^2）	世帯数 (千世帯)	人口密度 (人/km^2)	1世帯あたり人数(人)
滋賀	1,394	3,767	525	370.1	2.66
京都	2,543	4,613	1,133	551.3	2.24
大阪	8,680	1,899	3,964	4570.8	2.19
兵庫	5,572	8,396	2,382	663.6	2.34
奈良	1,401	3,691	565	379.6	2.48
和歌山	1,019	4,726	432	215.6	2.36

第2章
棒グラフを描いて，大小関係を比較しよう

■この章で学ぶこと
1. 相対番地，絶対番地の考え方を理解しよう。
2. データをまとめた表から，適切な棒グラフを描こう。

■キーワード
□ 相対番地
□ 絶対番地
□ 棒グラフ

2.1 表にまとめたデータを，棒グラフに表してみよう

　第1章では，経済データを入手・入力し，そのデータをもとに別の変数を計算したり，見やすい表にアレンジしたりする方法を学びました。完成した表は表2-1になります。

　第2章では計算式を用いる方法に加え，**関数**の利用について，**合計（SUM）**を例にとり学んでいきます。Excelの「関数」は，手間を省くためによく使う計算操作を一まとめにしたもので，簡単な操作で複雑な計算を行うことができます。

　第2章で用いる計算式は，第1章と同様の考え方・操作で利用することができます。表2-1では，各府県のある変数，たとえば「人口密度」の値を計算する際，滋賀県のセルに計算式を入力し，それを他府県のセルにそのままコピーすればすべての府県について正しい計算結果が得られました。同様の作業を繰り返すので当然のように思えますが，実は，このようなことができるのは限られたケース（相対番地を用いた計算式の場合）のみです。

表 2-1　近畿地方の府県別人口や面積（第 1 章の課題）

	A	B	C	D	E	F	G
1							
2		地域	人口 （千人）	面積（km²）	世帯数 （千世帯）	人口密度 （人/km²）	1世帯あた り人数（人）
3		滋賀	1,394	3,767	525	370.1	2.66
4		京都	2,543	4,613	1,133	551.3	2.24
5		大阪	8,680	1,899	3,964	4570.8	2.19
6		兵庫	5,572	8,396	2,382	663.6	2.34
7		奈良	1,401	3,691	565	379.6	2.48
8		和歌山	1,019	4,726	432	215.6	2.36

Excel は特に指定しない限り，計算結果を入力しようとしているセル（**F3**）から見た相対的な位置で番地（**C3** や **D3**）を管理しています。このような番地の考え方が「相対番地」です。

　第 1 章で，「滋賀県の人口密度」は，「滋賀の人口のセル（**C3**）に入力されている数値」× 1000 ÷「滋賀の面積のセル（**D3**）に入力されている数値」という形で計算を行うと書きましたが，これは厳密には正しくありません。人間ならそのように名付けられたセルの番地で考えますが，Excel は特に指定しない限り，計算結果を入力しようとしているセル（**F3**）から見た相対的な位置で番地を管理しています。つまり Excel は，**F3** にある「滋賀県の人口密度」の計算式を，「今選択されているセルから見て 3 つ左のセルに入力されている数値」× 1000 ÷「今選択されているセルから見て 2 つ左のセルに入力されている数値」と考えているのです。このような番地の考え方を**相対番地**と呼びます。

　Excel では相対番地がデフォルト（標準，特別に指定をしない場合の仕様）です。しかし，場合によっては特定のセルの値を使って計算を行いたい場合が出てきます。そのような場合，セルを指定する**絶対番地**の考え方が必要になります。

　相対番地，絶対番地の考え方をしっかり理解することは Excel 上達の肝です。そこで，第 2 章では相対番地を使った計算式について再度しっかり学び，計算式をコピーする際に，どのような考えが背景にあるか詳しく説明していきます。操作としてはただコピーをするだけで問題ありませんので，煩雑な理屈は煩わしく思えるかもしれませんが，それらを理解しておくことは第 3 章以降で絶対番地を利用したケースを理解していく上で大事ですので，それらの説明も一通り読むようにしてください。

　第 2 章の後半では，完成した表から，数値の大小を比較する際

の代表的なグラフである**棒グラフ**を描いていきます。多くの部分がマウスによる簡単な操作で可能ですが，タイトルや軸名，単位の表記など，わかりやすいグラフを作成するにはさまざまな注意が必要です。

2.2　例題2　棒グラフを描こう

表2-2は，第1章と同じデータソースを用い，近畿地方の府県別人口や面積についてまとめた表です。
（1）この表の空欄に適切な数値を計算し，表を見やすくアレンジしてください。
（2）この表の数値を用いて棒グラフを作成します。何か1つ，興味を持った変数を選び，その棒グラフを描いてください。
（3）Word文書を開き，完成した表を貼り付けましょう。次に，どの変数を選んだか，なぜその変数に興味を持ったか，あなたの考えを書いてください。続いて，棒グラフを貼り付け，表や棒グラフからわかることについて考察し，Word文書にまとめてください。

表2-2　近畿地方の府県別人口や面積（男女別人口を含む）

	A	B	地域	男性人口（千人）	女性人口（千人）	人口（千人）	面積（km²）	世帯数（千世帯）	人口密度（人/km²）	1世帯あたり人数（人）
3			滋賀	687	707		3,767	525		
4			京都	1,222	1,321		4,613	1,133		
5			大阪	4,214	4,466		1,899	3,964		
6			兵庫	2,679	2,893		8,396	2,382		
7			奈良	669	733		3,691	565		
8			和歌山	483	536		4,726	432		
9			近畿地方							

データの出所：人口と世帯数は総務省「住民基本台帳に基づく人口、人口動態及び世帯数」（2012年3月31日現在）、
（http://www.soumu.go.jp/menu_news/s-news/01gyosei02_02000042.html，参考資料1つめ）
面積は国土地理院「全国都道府県市区町村別面積調」（2011年10月1日現在）。
（http://www.gsi.go.jp/KOKUJYOHO/MENCHO/201110/opening.htm）

【例題2の解法】

ステップ1　空欄を完成させていきます。まず府県別の数値から計算していきます。

【1】「人口」欄を完成させます。**半角英数モード**にし，滋賀県の人口のセル（**E3**）を選択し，数式入力をしていきます（「+」あるいは「=」をクリック）。「滋賀の男性人口のセル（**C3**）」をクリック→キーボードから「+」を入力→「滋賀の女性人口のセル（**D3**）」をクリック→ENTERで「滋賀県の人口」が計算できます。

この計算式は，厳密にいうならば「今マウスで選択しているセル（**E3**）に，同じ行で

そこより2つ左のセル（**C3**）と同じ行でそこより1つ左のセル（**D3**）を加えた値を入力しなさい」という命令です。この計算式を1つ下の行にコピーすると，京都の人口（**E4**）には，同じ行の2つ左のセル（**C4**）と1つ左のセル（**D4**）を合計しなさいという命令がコピーされます。この命令により京都府の男性人口と女性人口の和が計算されますので，この計算式はそのまま他の行にコピーして問題ないことがわかります。

【2】「人口密度」の欄は，計算が完成した「人口」列の数値を用い，人口が千人単位であることに注意して，まず下記のように滋賀の人口密度を計算し，計算結果を他府県にコピーします。

$$\text{滋賀の人口密度（H3）} = \text{滋賀の人口（E3）} \times 1000 \div \text{滋賀の面積（F3）}$$

ここでも，同じ行で，左右の位置関係が同様のセル間で計算をしていますので，単純なコピー作業をしても問題は起きません。

【3】「1世帯あたりの人数」は，滋賀について計算した結果を他府県にコピーして計算します。計算式は，人口は千人単位ですが，世帯数も千世帯単位で数値が分母分子で消去されますので，下記を利用します。

$$\text{滋賀の1世帯あたりの人数（I3）} = \text{滋賀の人口（E3）} \div \text{滋賀の世帯数（G3）}$$

この値についても，滋賀の結果をそのまま他府県にコピーすることができます。

ステップ2　次に，近畿地方の値を計算していきます。

ここで，①近畿地方の値が，各府県の値の和（合計）である場合と，②近畿地方の値は，他府県と同様の操作（計算）で算出される場合があることに注意してください。②の場合，各府県の値を合計しても近畿地方の値にはなりません。

① 近畿地方の値が，各府県の値の和である場合：男性人口，女性人口，人口，面積，世帯数

近畿地方の男性人口（**C9**）は，滋賀県から和歌山県までの2府4県の男性人口の合計です。

C9に，**C3**から**C8**までを加算していってもいいのですが，6回もクリックや「+」の入力を行うのは面倒です。このような場合，次の手順で手間を省くことができます。

C9にカーソルを置き，数式バーの左側にある［関数の挿入］ボタン *fx* を押し，［関数の挿入］ダイアログボックスを表示します。デフォルトでは［関数の分類］が「最近使用した関数」になっており，多くの場合，合計の関数（**SUM**）は10個の最近使った関数に含まれるため，この段階で［関数名］に現れているでしょう。もし「**SUM**」が表示されていなかったら，分類名を［すべて表示］または適切な分類グループに変え，**SUM**を探して選択してください。関数名はアルファベット順に表示されます。

「**SUM**」を選択し［OK］を押すと，［関数の引数］ダイアログボックスが現れます。こ

の関数でどのような操作が行われるかがボックス中段に書かれていますので，参考にしてください。

［数値1］の欄にどのセルを合計するかセルの場所・範囲を答えます。見づらいですが，Excel が判断した範囲が入力されています。正しければそのまま［OK］を押せばよいですし，違う場合は，マウスで滋賀（**C3**）から和歌山（**C8**）までの男性人口のセルを選択し［OK］を押します。各府県の和として近畿地方の値が計算されます。

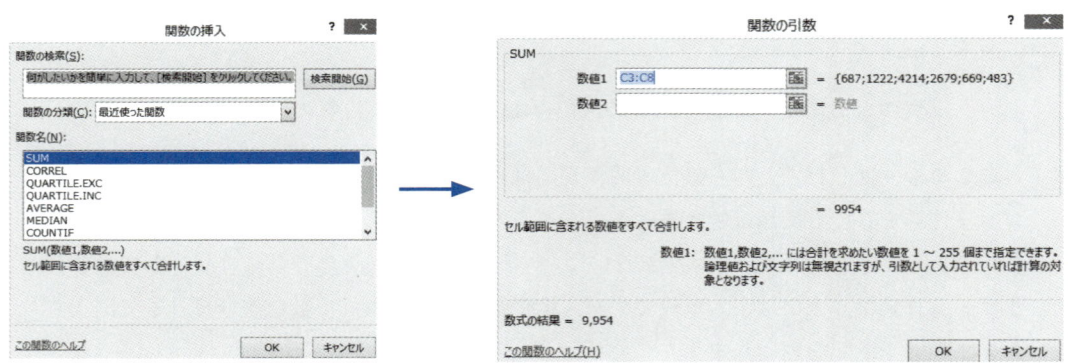

　ここまで SUM 関数を利用して和を求める方法を説明しましたが，さらに簡便な方法があります。合計を求める作業は頻繁に行うため，［ホーム］タブの［編集］グループに［オート SUM］ボタン **Σ** が準備されています。近畿地方の男性人口のセル（**C9**）をマウスで選択し［オート SUM］ボタンを押すと，自動的に **SUM** 関数が起動しますので，点滅しているセルの範囲が正しいか確認し，誤っている場合は指定し直し，ENTER キーを押すと合計値を求めることができます。

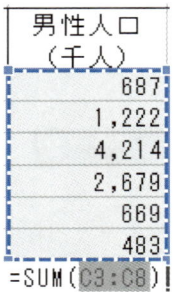

続いて，「女性人口」「人口」「面積」「世帯数」の近畿地方の値を求めます。個々に **SUM** 関数を用いたり，［オート SUM］ボタンを操作したりしても構いませんし，いずれの計算も「選択したセルに同じ列の 6 つ上のセルから 1 つ上のセルまでの 6 つの値を合計する」作業を行いますので，近畿地方の男性人口（**C9**）の計算式を右横にコピーし，近畿地方の「女性人口（**D9**）」「人口（**E9**）」「面積（**F9**）」「世帯数（**G9**）」を求めることもできます。

② **近畿地方の値が各府県の値の和ではない場合：人口密度，1 世帯数あたり人数**

これらの変数では，近畿地方の値は各府県の合計ではなく，近畿地方全体の平均値を示しています。近畿地方についても，他の府県と同様の操作を行いその値を計算しなくてはなりません。たとえば，近畿地方の人口密度は，近畿地方の人口を近畿地方の面積で割った値です。

操作としては，他の府県と同じ計算式を入力すればよいので，近畿地方の人口密度（**H9**）には滋賀（**H3**）から和歌山（**H8**）までに入力されている計算式（のいずれか）を

そのまま縦方向にコピーすれば計算ができます。

1世帯数あたり人数についても同様に求めます。

以上で，数値の計算は終了です。

ステップ3 表を見やすくアレンジします。

変数名のセル内での配置や列幅などの調整は済んでいますので，数値の桁や表示法をアレンジします。

「男性人口」「女性人口」「人口」「面積」「世帯数」はいずれも整数値ですので，桁を考える必要はありません。数値表示にし，カンマ区切りを行います。

人口密度は，有効桁数4桁の人口と同じく4桁の面積から計算されています。ただ，大阪だけが1桁違いますので，ここでは有効桁数を大阪については5桁取り，小数第1位まで表示することにします。

1世帯あたり人数は，有効桁数4桁の人口と有効桁数3桁または4桁の世帯数から計算しています。精度の高い情報とするために有効数字を3桁に，小数第2位まで表示します。

完成した表は**表2-3**のようになります。

表2-3 近畿地方の府県別人口や面積（男女別人口を含む，完成版）

地域	男性人口（千人）	女性人口（千人）	人口（千人）	面積（km^2）	世帯数（千世帯）	人口密度（人/km^2）	1世帯あたり人数（人）
滋賀	687	707	1,394	3,767	525	370.1	2.66
京都	1,222	1,321	2,543	4,613	1,133	551.3	2.24
大阪	4,214	4,466	8,680	1,899	3,964	4,570.8	2.19
兵庫	2,679	2,893	5,572	8,396	2,382	663.6	2.34
奈良	669	733	1,402	3,691	565	379.8	2.48
和歌山	483	536	1,019	4,726	432	215.6	2.36
近畿地方	9,954	10,656	20,610	27,092	9,001	760.7	2.29

ステップ4 棒グラフを作成します。

皆さんの興味に従って変数を選択し，その変数の棒グラフを作成していきます。

ただし，変数によりグラフに表示させる範囲が異なりますので注意してください。ステップ2のケース①，②に対応し，「① **男性人口，女性人口，人口，面積，世帯数**」では，近畿地方の値は各府県の値の合計です。このため，棒グラフに近畿地方を含めてしまうと，2府4県の値や大小関係がわかりにくくなります。棒グラフの対象は2府4県のデータのみとします。

「② **人口密度，1世帯あたり人数**」では，近畿地方の値は6つの府県の平均にあたります。棒グラフに含めれば，各府県の値が近畿地方の中でどのような位置付けにあるかもわかります。棒グラフの対象に近畿地方のデータも含めましょう。

以下，一例として，「近畿地方の人口密度の違い」を表す棒グラフを作成する手順を説明します。

【1】 Excelの画面（表2-3）で，色アミ表示した部分を選択します（離れた箇所を同時

に選択するには，1箇所を選択したら，CTRLキーを押し，引続き次の箇所を選択します）。

【2】［挿入］タブの［グラフ］グループ，［縦棒グラフの挿入］ボタンをクリックします。「2-D 縦棒」から「集合縦棒」グラフを選択します。

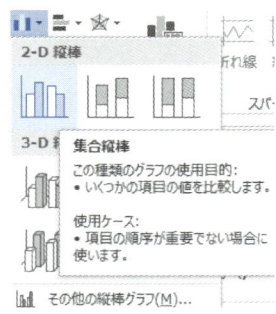

グラフを作成するときには，棒グラフに限らず，立体（3次元）のグラフはけっして用いないようにします。3次元のグラフでは目の錯覚が起き，データの持つ情報を正しく読み取ることが困難なためです。

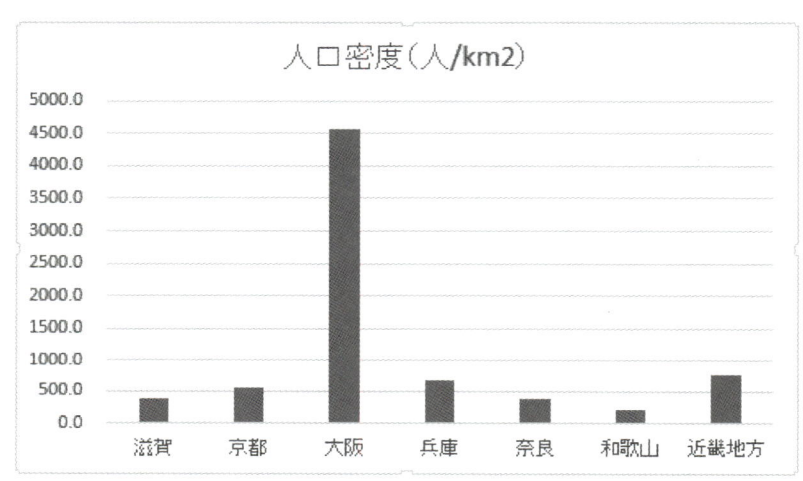

【3】 上のようなグラフが表示されますので，次の修正を行います。

① タイトル（現在は「人口密度（人/km^2）をクリックし，タイトルを見ただけでグラフの内容がわかる，適切な題に変更しましょう。ボックスを動かせばタイトルの位置を変更することもできますし，フォントの大きさなども通常の操作で変更することができます。

② 縦軸に単位を書きます。［挿入］タブ［テキスト］グループの［テキストボックス］ボタンをクリックし，［横書きテキストボックス］を選択します。マウスのポインタの形が↓に変わりますので，グラフの単位を挿入したい箇所にボックスを作成し，（人/

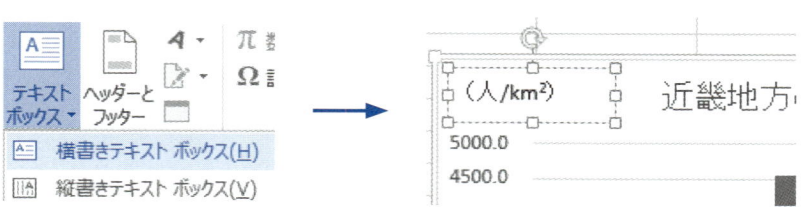

km^2）と単位を入力します。「2」を上付きにするには，文字を選択してマウスの右ボタンをクリックし［フォント］を選択，［文字飾り］の「上付き」にチェックを入れます。

③ このグラフは1つの変数を対象にしています。タイトルと重複しますから，変数の説明を行う凡例(はんれい)は不要です。もしグラフに凡例が表示されていたら，凡例を選択し，削除します。この操作を行うと，グラフ表示の横幅が広がります。

④ 項目名（それぞれの棒の内容の説明）が斜めに表示されていると，どの棒を指しているのかわかりづらいです。グラフ表示の幅が広がっても府県名が真横に表示されない場合，府県名の上で右ボタンをクリック→［フォント］を選択しフォントの大きさを小さくしたり，［軸の書式設定］を選択し作業ウィンドウの［軸のオプション］で［配置］で［文字列の方向］を縦書きにしたりするなどして，府県名が斜めに表示されないようにします（Excel 2010以前のバージョンをお使いの方は，章末の補足ステップを参照してください）。

出来上がったグラフは，図2-1のようになります。

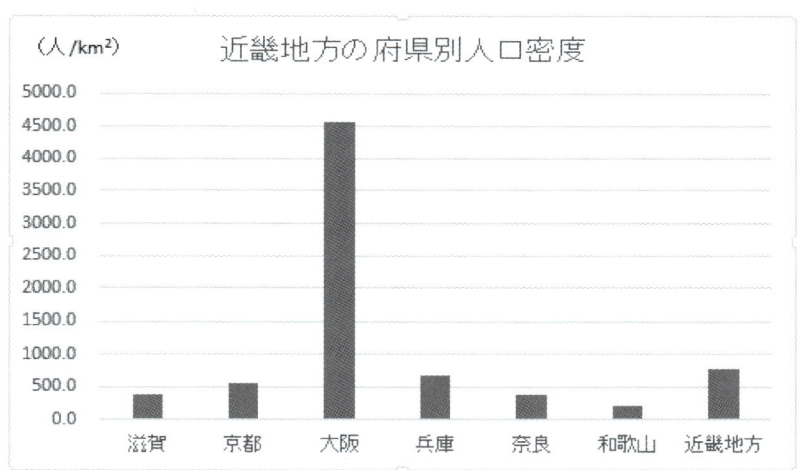

図2-1　府県別人口密度の比較（近畿地方）

ステップ5　Word文書にExcelで作成した表やグラフを貼り付けます。

基本的には，Excel側で表やグラフをコピーし，Wordの貼り付けたい箇所で貼り付け作業を行います。ただし，表のコピー＆ペーストの際には注意が必要です。

Excelで表の領域を選択・コピーし，Wordに貼り付けます。その際右下隅に［貼り付けのオプション］ が表示されますのでクリックし，現れたウィンドウで［図］（［図として貼り付け］）を選択します。こうすると，後の操作のしやすい形で表の貼り付けが行われ，大きな表でもページにまたがって表がコピーされることがなくなります。

図として貼り付ける操作は，Excelで表の領域を選択し，[ホーム] タブ [クリップボード] グループの [コピー] ボタン📋から [図としてコピー] を選択する方法もあります。この場合，Word 側ではふつうに貼り付け作業を行うだけで，表を図として Word に貼り付けることができます（この方法は，Excel が 97-2003 形式の場合の，コピーしたい領域を選択した後，Shift キーを押しながらメニューバーの [編集] から [図としてコピー] というコマンドを選択する操作と対応しています）。

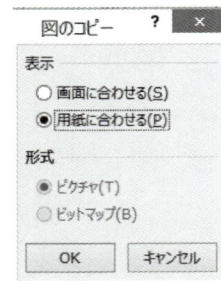

ステップ6　表やグラフを考察し，Word 文書にまとめてみましょう。

本書は表やグラフの作成方法を中心に説明を進めていきます。ただ，表やグラフが作成できても，その内容を読み取り文章にまとめることができなければ，さらにはそこから問題点を洗い出したり今後の方向性を探ったりできなければ，データに強くなったということはできません。表やグラフが作成できたら，そこから何が読み取れるか，疑問に思う点がないか，考えるクセをつけましょう。

それらの考察は答えのあるものではありません。善し悪しがあるわけでもありません。自由に考えて構いません。ただし，なぜそう考えたかについてきちんと理由・根拠が示せなければなりませんし，相手に伝わる，論理的な文章で説明をしなければなりません。時間があるときは，頭の中で考えるだけではなく，文章として表現してみる機会も設けてみましょう。

近畿地方の人口密度の違いについて，考察のポイントを説明します。

まず，しっかりと，棒グラフの意味していることを把握します。たとえば，

（ア）　人口密度は府県により異なるが，大阪府で特に高く $1km^2$ あたり 4,500 人を超えている。近畿地方の平均は 761 人で，平均を超えているのは大阪府のみである。

（イ）　残る 5 府県では，兵庫県（664 人）と京都府（551 人）が 500 人を超えており，奈良県（380 人），滋賀県（370 人）が続いている。近畿地方で最も人口密度が低かったのは，和歌山県（216 人）である。

といった内容を読み取ります。

次に，読み取った特徴の背景を考えてみましょう。たとえば，

（1）　なぜ大阪の人口密度はこれほど高いのか。

（2）　人口では，大阪，次いで兵庫，少し離れて京都の順なのに，どうして兵庫の人口密度は，大阪に比べて低く，京都と比べてさほど差がないのか。

（3）　私たちは平均というと「データの中心」を指していると考えがちだが，今回のデータで近畿地方の人口密度は「正しく」近畿地方の標準的な状況を示しているだろうか。

などさまざまな疑問が浮かぶと思います。与えられたデータをまとめた表やグラフに基づ

いて，場合によっては他の資料を調べて，疑問に対する答えを考えてみましょう。

　それら（グラフから読み取ったこと，その内容に関する疑問とその背景・理由）をまとめ，考察として文章に表します。このとき，具体的な根拠（表やグラフ，資料など）なく，自分の感じたこと（感想や予想，推測）だけを書いてはいけません。客観的な事実に基づいた考察を行うよう，注意しましょう。また，外部資料を用いた場合は，その出所についても明記します（第 8 章の［注意］（p.82）の説明も参照してください）。

補足ステップ　Excel は数年おきにバージョンアップされています。Excel 2007 から，従来のメニュー方式に代わり，［ホーム］や［挿入］などのタブを選択し，グループ化された機能ボタンから選択する「リボン」方式が採用されています。

　グラフを作成する際の操作について，Excel 2007 と Excel 2010 ではリボンの構成内容に大きな違いはありません。しかし，Excel 2013 ではさまざまな変更が行われました。大きな変更点を 2 点あげておきます。

① 　ダイアログボックスから作業ウィンドウへ

　グラフにさまざまな変更を加えたいとき，操作を加えたい箇所でマウスの右ボタンをクリックし，該当する項目についての［書式設定］を選択する作業はどのバージョンでも同じです。ただし，Excel 2013 ではワークシート右側に作業ウィンドウが現れるのに対し，以前のバージョンではダイアログボックスがポップアップします。本書の説明は Excel 2013 に対応しているため若干の表現の違いはありますが，以前のバージョンでも同様の該当項目がありますのでそれについて操作を行ってください。参考までに，p.19 で用いた［軸の書式設定］の操作ウィンドウまたはボックスについて，2 つのバージョンの違いを示します。

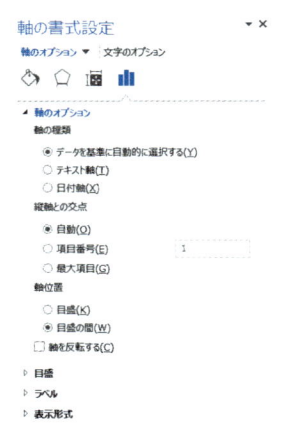
Excel 2013 での［軸の書式設定］

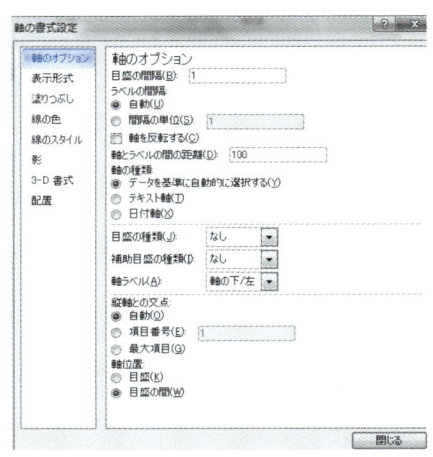
Excel 2010 での［軸の書式設定］

② ［グラフツール］タブで［レイアウト］タブがなくなりました。

　従来［グラフツール］タブには［デザイン］，［レイアウト］，［書式］の3つのタブがありましたが，Excel 2013 では［レイアウト］タブがなくなりました。Excel 2010 の［レイアウト］タブでは［ラベル］や［軸］グループでさまざまな操作を行うことが多かったのですが，これらの操作は，Excel 2013 では［デザイン］タブの［グラフのレイアウト］グループにまとめられています。本書の説明は Excel 2013 に対応していますので，以前のバージョンを用いてグラフのレイアウトを変更したい場合は，［グラフツール］［レイアウト］タブから該当する操作を行ってください。なお，［書式］タブについてはバージョンにより大きな変更はありません。

【Excel 2013】

- ［グラフツール］［デザイン］タブ

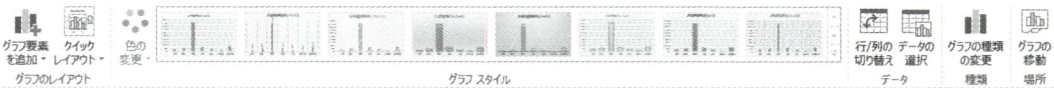

【Excel 2010 以前】

- ［グラフツール］［デザイン］タブ

- ［グラフツール］［レイアウト］タブ

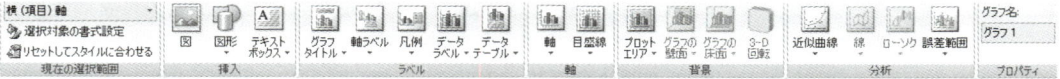

第3章
円グラフを描いて，比率の大きさを比較しよう

■この章で学ぶこと
1. 絶対番地の考え方，用い方を理解しよう。
2. 表の比率データを，適切な円グラフに描こう。

■キーワード
□ 絶対番地
□ 行（列）の挿入
□ 円グラフ

3.1 絶対番地を用いて比率を計算し，円グラフに表してみよう

　第1章，第2章では相対番地を用いた計算式の利用を学びました。Excelでは，通常（何もしなければ），相対番地（選択されたセルからの位置関係）でセルが認識されます。このため，同じ位置関係にあるセルを用いた計算式が適用されるならば，他のセルにその計算式をコピーするだけで簡単にデータの加工を行うことができます。

　ところが，うまくいかない場合があります。表3-1を見てください。近畿2府4県の男女別人口から総人口を計算し，続いて

表3-1　近畿地方の男女別人口とその比率

	A	B	C	D	E	F	G
1							
2		地域	男性人口（千人）	女性人口（千人）	総人口（千人）	男性の比率	女性の比率
3		滋賀	687	707	1,394	0.4928264	1434.58224
4		京都	1,222	1,321	2,543	0.4805348	0.5194652
5		大阪	4,214	4,466	8,680		
6		兵庫	2,679	2,893	5,572		
7		奈良	669	733	1,402		
8		和歌山	483	536	1,019		

滋賀の男性比率（**F3**）の計算式を右横にコピーしたところ全く違う値が出てきてしまいました。一方，**F3**を下にコピーすると，京都の男性比率（**F4**）が正しく求まります。

第 3 章 円グラフを描いて，比率の大きさを比較しよう

男女の比率を求めようとしているところです。

滋賀の男性比率（**F3**）に「滋賀の男性人口（**C3**）÷滋賀の総人口（**E3**）」という計算式を入力すると，0.4928……という数値が得られます。男女比率の合計は 1 になるはずですから滋賀の女性比率（**G3**）は 0.51 に近い値になるはずですが，滋賀の男性比率（**F3**）の計算式を右横にコピーしたところ全く違う値が出てきてしまいました。一方，**F3** を下にコピーすると，京都の男性比率（**F4**）が正しく求まります。この違いはどこにあるのでしょうか。

答えは，入力された計算式が「同じ位置関係にあるセルを用いている」かどうかにあります。

Excel は，滋賀の男性比率（**F3**）に入力された式を「同じ行の 3 つ左のセル÷同じ行の 1 つ左のセル」と認識しています。これを 1 行下にコピーすると，京都の男性比率（**F4**）には「京都の男性人口（**C4**）÷京都の総人口（**E4**）」という計算式が入力されますから正しく比率が計算されます。

一方，右にコピーすると，滋賀の女性比率（**G3**）には「3 つ左の滋賀の女性人口（**D3**）÷ 1 つ左の滋賀の男性比率（**F3**）」という計算式が入力されてしまうのです。計算結果は滋賀の女性比率にはなりません。

このような問題を避けるには，分子にあたるセルは相対的に動いて構いませんが，分母のセルは常に総人口の列（**E 列**）に固定する必要があります。Excel では「**$**」マークを用いて特定の列や行，セルを指定することができ，これを**絶対番地**と呼んでいます。第 3 章では絶対番地を用いた計算式を使い，表を作成していきます。

表 3-1 では比率が計算されていますが，比率の大小関係を見るには，全体に占める大きさの割合が示される円グラフを用いるのが有効です。第 2 章で学んだ棒グラフに続き，第 3 章では円グラフの描き方を学んでいきます。

3.2 例題3 円グラフを描こう

> コンビニエンスストアは，私たちの身近な存在です。その便利さ，手軽さのため，現在は，小売業の中でスーパーマーケットに次ぐ大きな存在になっています。コンビニエンスストアの中でもセブン-イレブンジャパン，ローソン，ファミリーマート，サークルKサンクスの4社は他に比して大きく，四大コンビニと呼ばれることがあります。
>
> 表3-2は，四大コンビニと日本フランチャイズチェーン協会（JFA）に属するコンビニエンスストアの国内店舗数，年間売上高を示した表です。
> (1) この表の空欄に適切な数値を計算し，表を見やすくアレンジしてください。ただし，構成比はそのコンビニの値がJFA加盟コンビニ総計に占める割合とし，小数第1位までのパーセント表示にします。
> (2) 四大コンビニの売上高の構成比を表す円グラフを作成してください。
> なお，表の内容を追加する必要がある場合は，表を修正してください。
> (3) Word文書を開き，完成した表やグラフを貼り付けましょう。必要ならば，他のグラフ（たとえば，店舗数の構成比を表す円グラフなど）を作成し，それらの表や棒グラフからわかることについて考察してください。

表3-2　コンビニエンスストアの国内店舗数と年間売上高（2010年度）

	A	B	C	D	E	F	G
1							
2			国内店舗数（件）	売上高（億円）	1店舗あたり売上高(億円)	店舗数の構成比	売上高の構成比
3		セブン-イレブンジャパン	13,232	29,476			
4		ローソン	9,994	16,828			
5		ファミリーマート	8,248	14,405			
6		サークルKサンクス	6,274	10,561			
7		JFA加盟コンビニ総計	43,636	81,113		100.0%	100.0%
8	2010年度は2010年3月から2011年2月までの1年間。店舗数は2011年2月末の件数。						
9	各コンビニのデータの出所は各社のwebページに公開された有価証券報告書。						
10	日本フランチャイズチェーン協会（JFA）のデータの出所はhttp://www.jfa-fc.or.jp/particle/42.html						

【例題3の解法】

ステップ1　空欄を完成させていきます。

【1】「1店舗あたり売上高」を計算します。国内店舗数の単位が件，売上高の単位が億円，1店舗あたりの売上高の単位が億円であることを確認します。計算式を入力する際，特に単位に注意しなくてもよさそうです。

半角英数モードにし，セブン-イレブンジャパンのセル（**E3**）を選択し，キーボードから「+」または「=」を入力→「セブン-イレブンジャパンの売上高のセル（**D3**）」をクリック→キーボードから「/」を入力→「セブン-イレブンジャパンの国内店舗数のセル（**C3**）」をクリック→ENTERを押し「セブン-イレブンジャパンの1店舗あたりの売上高」を計算します。

4行目から7行目までの他のコンビニエンスストアの1店舗あたりの売上高についても，入力したいセルから見て同じ行の「1つ左のセル（売上高）÷2つ左のセル（店舗数）」という計算式を入力すればよいので，相対番地を用いたセブン-イレブンジャパンの1店舗あたりの売上高（**E3**）の計算式をそのままコピーします。**E3**のセルを選択し，①選択したセルの右下隅を下方向にドラッグし，罫線が乱れた場合は適宜修正します。または，②複写元をコピーし（複写元のセルを選び，マウスの右ボタンを押し［コピー］を選択する，または，［ホーム］タブ［クリップボード］グループから［コピー］を選択する），貼り付け先のセル（**E4**から**E7**）を選択し，計算式の内容だけをコピーします（［ホーム］タブ［クリップボード］グループの［貼り付け］ボタンで［貼り付け］の［数式］を選択する，または，右ボタンをクリックし［貼り付けのオプション］から［数式］を選択する）。②の方法では，罫線のような書式は変更されませんので，修正が不要です。

国内店舗数の有効数字は4桁または5桁，売上高の有効数字は5桁ですので，1店舗あたりの売上高の有効数字は5桁取ることにします。対象となるセル（**E3**から**E7**）を選択し，①［ホーム］タブ［数値］グループ右下隅のダイアログボックスランチャーをクリックし，［セルの書式設定］ダイアログボックスの［表示形式］タブで［数値］を選択，［小数点以下の桁数］を4に設定します。または②［ホーム］タブ［数値］グループの［小数点以下の表示桁数を減らす］ボタンを何回かクリックして小数点以下4位まで表示させます。

1店舗あたりの売上高の列が計算されました。

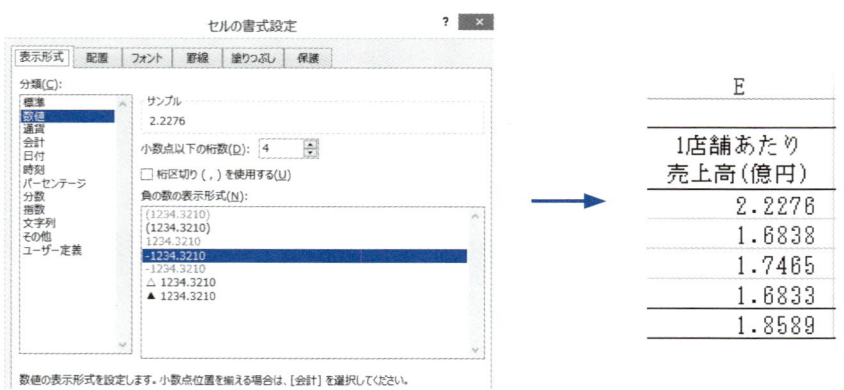

【2】「店舗数の構成比」を計算します。セブン-イレブンジャパンのセル（**F3**）を選択し，キーボードから「+」または「=」を入力→「セブン-イレブンジャパンの国内店舗数のセル（**C3**）」をクリック→キーボードから「/」を入力→「JFA加盟コンビニ総計の国内店舗数のセル（**C7**）」をクリック→ ENTER を押し「セブン-イレブンジャパンの店舗数の構成比」を計算します。

ここで「1店舗あたり売上高」と同様に他の行に計算式をそのままコピーすると，「#DIV/0!」というエラーメッセージが表示されます。0で割り算 (division) をしようとしていますという警告です。これは，「セブン-イレブンジャパンの店舗数の構成比 (F3)」の計算式 (+C3/C7) をたとえば1行下のローソンのセル (F4) にコピーすると，計算式は +C4/C8 となってしまい，C8 は空欄のセルですから計算ができないという警告が発せられたのです。

	A	B	C	D	E	F
1						
2			国内店舗数(件)	売上高（億円）	1店舗あたり売上高(億円)	店舗数の構成比
3		セブン-イレブンジャパン	13,232	29,476	2.2276	+C3/C7
4		ローソン	9,994	16,828	1.6838	
5		ファミリーマート	8,248	14,405	1.7465	
6		サークルKサンクス	6,274	10,561	1.6833	
7		JFA加盟コンビニ総計	43,636	81,113	1.8589	100.0%

F
店舗数の構成比
0.30323586
#DIV/0!
#DIV/0!
#DIV/0!
100.0%

　店舗数の構成比を計算する際，分子の各社店舗数は対応する行に応じて変化して構いませんが，分母は常に「JFA加盟コンビニ総計の国内店舗数のセル (C7)」である必要があります。
　このようにセルを固定して認識したい場合には**絶対番地**を用います。セルを固定するには「$」を用いますが，固定したい箇所に応じて，たとえば C7 について，

(ア)　C7　　　行も列も相対的に考えるケース
(イ)　C$7　　行は固定するが，列は相対的に考えるケース
(ウ)　$C7　　列は固定するが，行は相対的に考えるケース
(エ)　C7　　行も列も固定し，常にそのセルだけを考えるケース

の4通りの番地表示が考えられます。
　今回の場合，行は「JFA加盟コンビニ総計」の行（7行目）に固定したいので，(イ) か (エ) が候補となります。(エ) を用いても他の行に正しい計算式を入力することはできますが，それはこの列に限られます。できる限り手間を省き計算式の入力作業を最小限にするには，ここで入力した計算式を G 列の「売上高の構成比」でも生かせる形にしておかねばなりません。(イ) C$7 を選択すれば，右の G 列にコピーしたときには自動的に「+D■/D$7」（■は行に応じて変化します）という計算式がコピーされ，計算式を1回入力したあとはコピー操作を行うだけで，F 列（店舗数の構成比），G 列（売上高の構成比）の2列の計算を正しく行うことができます。
　「セブン-イレブンジャパンの店舗数の構成比 (F3)」の計算式を (イ) の形の絶対番地に修正し，出力された結果を下方向 (F4 から F6)，右方向 (G3 から G6) にコピーします。正しく計算が行われます。このとき，計算式はマークをした「セブン-イレブンジャパンの店舗数の構成比 (F3)」のセル1箇所だけに入力しています。

第3章 円グラフを描いて、比率の大きさを比較しよう

	A	B	C	D	E	F	G
1							
2			国内店舗数(件)	売上高(億円)	1店舗あたり売上高(億円)	店舗数の構成比	売上高の構成比
3		セブン-イレブンジャパン	13,232	29,476	2.2276	=+C3/C$7	
4		ローソン	9,994	16,828	1.6838		
5		ファミリーマート	8,248	14,405	1.7465		
6		サークルKサンクス	6,274	10,561	1.6833		
7		JFA加盟コンビニ総計	43,636	81,113	1.8589	100.0%	100.0%

F	G
店舗数の構成比	売上高の構成比
0.30323586	0.363394277
0.229031075	0.207463662
0.189018242	0.177591755
0.143780365	0.130201078
100.0%	100.0%

→

F	G
店舗数の構成比	売上高の構成比
30.3%	36.3%
22.9%	20.7%
18.9%	17.8%
14.4%	13.0%
100.0%	100.0%

F3から**G6**までのセルを選択し，①［ホーム］タブ［数値］グループ右下隅のダイアログボックスランチャーをクリックし，［セルの書式設定］ダイアログボックスの［表示形式］タブで［パーセンテージ］を選択，［小数点以下の桁数］を1に設定します。または②［ホーム］タブ［数値］グループの［パーセントスタイル］ボタン％と［小数点以下の表示桁数を増やす］ボタンをクリックして小数点以下1位のパーセント表示にします。

以上の操作で，表は完成です。完成した表は**表3-3**のようになります。

表3-3 四大コンビニエンスストアの国内店舗数や年間売上高（2010年度）

	A	B	C	D	E	F	G
1							
2			国内店舗数(件)	売上高(億円)	1店舗あたり売上高(億円)	店舗数の構成比	売上高の構成比
3		セブン-イレブンジャパン	13,232	29,476	2.2276	30.3%	36.3%
4		ローソン	9,994	16,828	1.6838	22.9%	20.7%
5		ファミリーマート	8,248	14,405	1.7465	18.9%	17.8%
6		サークルKサンクス	6,274	10,561	1.6833	14.4%	13.0%
7		JFA加盟コンビニ総計	43,636	81,113	1.8589	100.0%	100.0%

ステップ2 次に，コンビニエンスストアの売上高の構成比を示す円グラフを作成していきましょう。

通常なら，対象となるコンビニ名と各社の売上高構成比のセルを指定しグラフを作成していけばよいのですが，円グラフは全体（総合計）が100％になるような各項目の比率の大きさを表すグラフであることから，この例題では次の2点の注意が必要です。

まず，総合計にあたるJFA加盟コンビニ総計の値は円グラフの対象にしてはいけません。また，四大コンビニ4社だけを対象にしては不十分です。表の売上高構成比を四大コンビニについて合計してみると，87.9％にしかならず，100％には足りません。これは，

この表にはJFAに加盟している四大コンビニ以外のコンビニ（「その他のコンビニ」と呼びます）の情報がないからです。

そこで，次の手順で表にその他のコンビニの情報を付け加えていきます。

① 「JFA加盟コンビニ総計」の行にあたる行ナンバー「7」をクリックし，［ホーム］タブ［セル］グループの［挿入］ボタン ｡ﾛ挿入 をクリックすると，「サークルKサンクス」と「JFA加盟コンビニ総計」の間に空行ができます。罫線は適宜修正します。

② 項目名を「その他のコンビニ」とします。

③ その他のコンビニの数値を計算します。

売上高の構成比を示す円グラフを作成するのに必要なのは「売上高の構成比」だけですが，練習のためすべての項目を計算してみましょう。

国内店舗数（C7），売上高（D7）：「JFA加盟コンビニ総計」の値からそれぞれの四大コンビニの値を差し引きます。国内店舗数（C7）に計算式が入力できたら，右方向にコピーすれば売上高（D7）が計算できます。

1店舗あたり売上高（E7），店舗数の構成比（F7），売上高の構成比（G7）：これらのセルに入る計算式は，それぞれの項目（列）に入力された他のコンビニの計算式と同じです。他のコンビニ（のいずれか）に入力された1店舗あたり売上高の計算式を（下方向に）コピーすれば計算ができます。なお，構成比の計算に用いた「+D■/D$7」という式は，コンビニ総計が7行目から8行目に移動した際，自動的に「+D■/D$8」に変更されています。

計算結果は，次のようになります。

	A	B	C	D	E	F	G
1							
2			国内店舗数（件）	売上高（億円）	1店舗あたり売上高(億円)	店舗数の構成比	売上高の構成比
3		セブン-イレブンジャパン	13,232	29,476	2.2276	30.3%	36.3%
4		ローソン	9,994	16,828	1.6838	22.9%	20.7%
5		ファミリーマート	8,248	14,405	1.7465	18.9%	17.8%
6		サークルKサンクス	6,274	10,561	1.6833	14.4%	13.0%
7		その他のコンビニ	5,888	9,843	1.6717	13.5%	12.1%
8		JFA加盟コンビニ総計	43,636	81,113	1.8589	100.0%	100.0%

ステップ3 円グラフを作成します。

【1】 上図で色アミをつけたセルを選択します（B列を選択した後，CTRLキーを押し，G列を選択します）。

【2】 ［挿入］タブの［グラフ］グループ，［円またはドーナツグラフの挿入］ボタン ● から「2-D円」の「円」をクリックします。

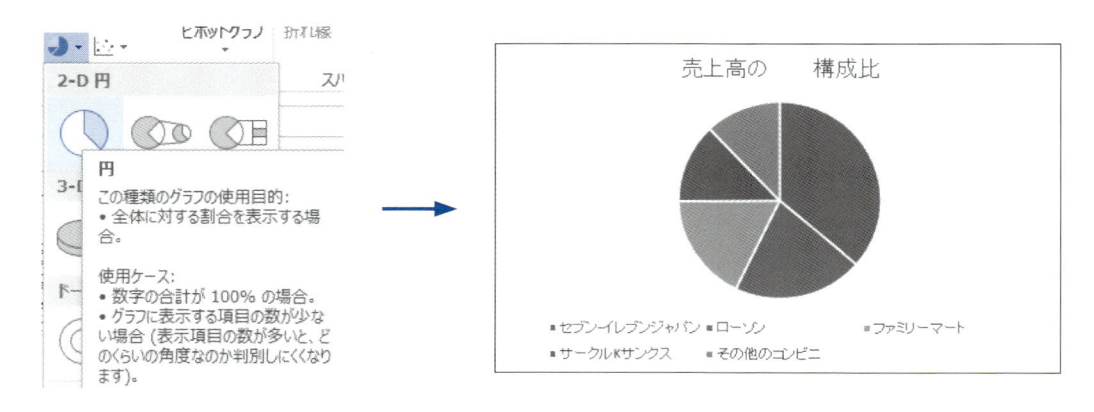

【3】 上のような円グラフが表示されますので，次の修正を行います。
① タイトル（現在は「売上高の構成比」）をクリックし，グラフの内容が把握できる適切な題に変更します。
② このグラフの凡例は，円グラフのそれぞれのパーツがどのコンビニに対応しているかを示しています。必要な情報ですので，そのままにしておきます。なお，凡例ボックスの位置は自由に移動させることができます。
③ 項目の色が似通っている場合やモノクロプリンタに出力するときなど，項目の区別がつきにくい場合があります。そのようなときは，グラフの上にマウスのカーソルを置き右ボタンをクリック→［データ系列の書式設定］を選択→表示された作業ウィンドウの［系列のオプション］で［塗りつぶしと線］◇を選択し，たとえば［塗りつぶし］の方法を変えるなど工夫をしてください（［塗りつぶし］の内訳が見えないときは，▷印をクリックし内容を展開します）。

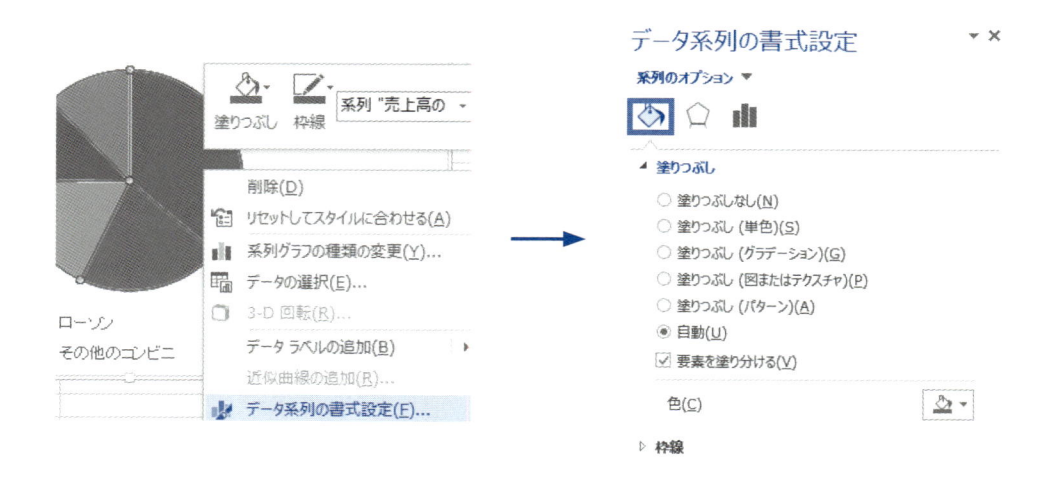

④ 項目ごとの値を表示したいときは，グラフの上でマウスの右ボタンをクリックし，［データラベルの追加］を選びます。円グラフの中に売上高構成比の数値が示されます。

ラベルの表示や位置を変えたいときは，ラベル表示の上でマウスの右ボタンをクリックし，[データラベルの書式設定]作業ウィンドウの[ラベル オプション]で，適宜指示を行います。

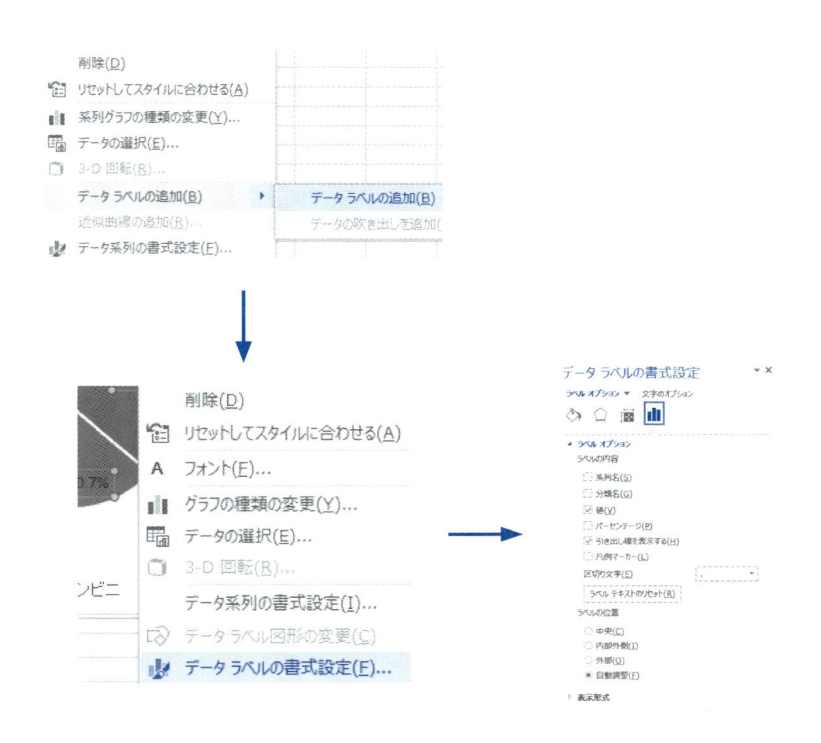

出来上がったグラフは，たとえば図3-1のようになります。

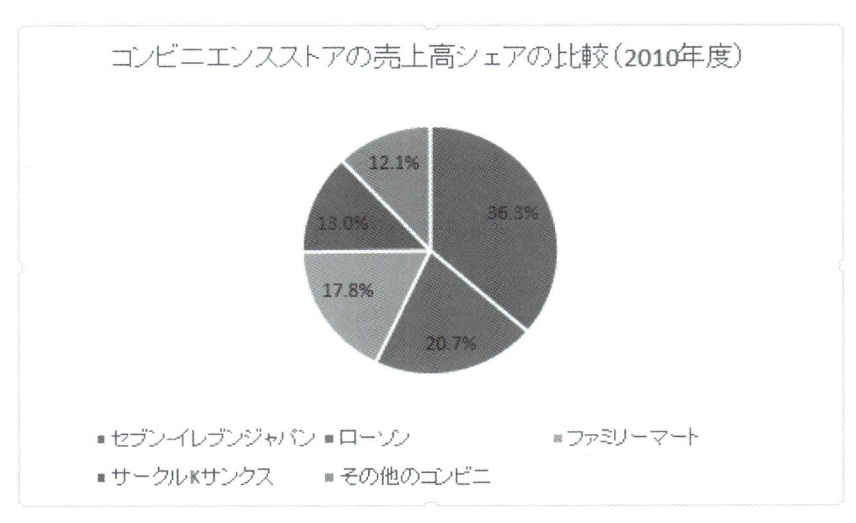

図3-1　JFA加盟コンビニにおける年間売上高の比較

第3章 円グラフを描いて，比率の大きさを比較しよう

ステップ4 Word 文書に Excel で作成した表やグラフを貼り付け，考察を行います。

考察の際には，ここで描いた売上高構成比の円グラフ以外に，たとえば，

（ア）　国内店舗数の棒グラフ，売上高の棒グラフ
（イ）　1店舗あたりの売上高の棒グラフ
（ウ）　店舗数の構成比の円グラフ

なども描いてみましょう。表からわかると言えばその通りですが，グラフに図示した方がより明確に特徴をとらえることができます。なお，①数量の大小を比較するときは棒グラフを，比率の大小を比較するときは円グラフを描きます。②（ア）や（ウ）では「コンビニ総計」は合計値ですので，グラフの対象としません。（イ）の場合は，「コンビニ総計」の値はコンビニ全体の平均を示しますので，グラフの対象とするとよいでしょう。

表やグラフから自由に考察してみましょう。いくつかポイントを挙げておきます。

（ⅰ）　2011年2月末（東日本大震災の直前です）の段階で，コンビニ業界上位4社は，JFA に加盟しているコンビニの売上高で 87.9％，店舗数で 86.5％を占めており，かなりの寡占化が進んでいることがわかります（上位2社だけで店舗数，売上高とも過半数です）。

（ⅱ）　とりわけ第1位のセブン-イレブンジャパンが，店舗数が全体の 30.3％，売上高では 36.3％を占めているのが目を引きます。セブン-イレブンジャパンの1店舗あたり売上高は，4社のうち唯一2億円を超えており，他の3社やその他のコンビニの1店舗あたり売上高を大きく上回っています。店舗数も多いですが，セブン-イレブンジャパンには他社を圧倒する販売力があるようです。

（ⅲ）　一方，第2位から第4位のコンビニを比較してみると，全体の店舗数，全体の売上高では2位ローソン，3位ファミリーマート，4位サークルKサンクスの順ですが，1店舗あたりの売上高でみると，ファミリーマートのみ1億7,000万円を超えています。ローソンは店舗数の多いため総売上高では2位ですが，1店舗あたりの売上高では第3位で第4位のサークルKサンクスとの差はあまりありません。

最後に，データを考察するときの注意を述べておきます。データから言えることはあくまでそのデータの対象範囲に限られます。一例を挙げると，今回のデータで地方のフランチャイズ店は含んでいますが，日本国内にある店舗のみが対象となっています。ニュース報道にもあるように近年のコンビニは積極的な海外展開を行っています。企業としての業績を見ていくには，それらの点の考慮も必要となります。

第4章
折れ線グラフを描いて，時代による推移を見よう

■この章で学ぶこと
1. データの種類について知ろう。
2. 時系列データの増減率（変化率）を求めてみよう。
3. 時系列データを折れ線グラフに表し，推移・変化をとらえよう。

■キーワード
☐ 時系列データ
☐ クロスセクションデータ
☐ 増減率（変化率）
☐ 折れ線グラフ

4.1 時系列データの変化を，折れ線グラフに表してみよう

　日本では，市場が（実質的には）少数の生産者により占められているケースが少なくありません。自動車産業もその一つです。さて，自動車メーカーは何社くらいあると思いますか。

　社団法人・日本自動車工業会のwebページ（http://www.jama.or.jp/）には自動車産業に関わるさまざまな情報が公開されています。生産，販売，輸出などさまざまなデータも公開されています（http://jamaserv.jama.or.jp/newdb/index.html）。

　四輪車の生産統計を見ていきましょう。ここで，生産とは日本国内での完成自動車の生産を言います。海外での生産台数や輸出台数は含まれませんので注意してください（2011年の数字になりますが，国内生産台数840万台に対し，海外生産台数は約1,340万台，輸出台数は450万台でした）。

　表4-1は2012年（2012年1月から12月まで）の自動車メーカー各社の国内生産台数（単位：台）を示しています。メーカーにより生産の対象を絞っているところが多く，乗用車もトラック

第 4 章　折れ線グラフを描いて，時代による推移を見よう

もバスも生産しているのはトヨタと日産の 2 社しかないことがわかります。

表 4-1　自動車メーカーの国内生産台数（2012 年）

	乗用車				トラック				バス			全車種合計
	普通	小型	軽四輪	小計	普通	小型	軽四輪	小計	大型	小型	小計	
トヨタ	2,204,275	966,014	0	3,170,289	106,985	114,280	0	221,265	0	101,359	101,359	3,492,913
日産	633,120	402,606	0	1,035,726	35,451	71,137	0	106,588	0	5,951	5,951	1,148,265
マツダ	692,488	137,806	0	830,294	0	15,256	0	15,256	0	0	0	845,550
三菱	358,652	27,591	62,355	448,598	2,295	2,944	61,331	66,570	0	0	0	515,168
いすゞ	0	0	0	0	206,394	32,309	0	238,703	2,544	0	2,544	241,247
ダイハツ	0	17,749	616,138	633,887	0	0	140,519	140,519	0	0	0	774,406
ホンダ	145,003	528,558	323,271	996,832	0	0	32,481	32,481	0	0	0	1,029,313
富士	551,812	0	0	551,812	0	0	18,361	18,361	0	0	0	570,173
UDトラックス	0	0	0	0	20,014	1,600	0	21,614	241	0	241	21,855
日野	0	0	0	0	138,775	7,862	0	146,637	5,972	230	6,202	152,839
スズキ	100,762	172,348	613,671	886,781	0	20,568	154,514	175,082	0	0	0	1,061,863
日本GM	0	0	0	0	0	0	0	0	0	0	0	0
三菱ふそう	0	0	0	0	71,127	10,036	0	81,163	1,841	4,082	5,923	87,086
その他	0	0	0	0	2,115	0	0	2,115	0	0	0	2,115
全メーカー合計	4,686,112	2,252,672	1,615,435	8,554,219	583,156	275,992	407,206	1,266,354	10,598	111,622	122,220	9,942,793

ここで，乗用車の生産に絞って見てみましょう。生産を行っているのは，トヨタ，日産，マツダ，三菱，ダイハツ，ホンダ，富士，スズキの 8 社であることがわかります。

上の表にあるように，ある時点の動きを主体ごとに（たとえば同じ業界に属する企業ごとに）表すデータのことを**クロスセクションデータ**と呼びます。一方，ある物について（たとえばトヨタの生産台数）について時間の推移による変化を示すデータのことを**時系列データ**と呼びます。

時系列データには，対象とする期間の長さにより，**年次データ**（年あるいは年度ごとのデータ），**四半期データ**，**月次データ**，**日次データ**などいろいろな種類があります。ビジネスの世界では，あまり短期すぎるとその時々の動きに左右されすぎるため，しかし経済の動きをタイミングよくとらえていくため，四半期データがよく利用されます。四半期データは 3 カ月ごとにとられたデータで，1 年を 4 つの四半期（第 1 四半期が 1 月から 3 月，第 2 四半期が 4 月から 6 月，第 3 四半期が 7 月から 9 月，第 4 四半期が 10 月から 12 月）に分けて考えます。

この章では，時系列データの動きを表すため，**折れ線グラフ**を描き，動きの特徴を読み取っていきます。その際，時間による変化をより詳細にとらえるために**増減率（変化率）**という指標を利用することがあります。変化をとらえる対象としては前期，あるいは前年の同時期が用いられます。本章では，**前年比増減率（変**

化率）を求め，生産台数が前年の同じ時期に比べどう変化したか
を調べていきます。

4.2　例題4　折れ線グラフを描こう

各自動車メーカーの乗用車生産台数の推移について調べましょう。

日本自動車工業会のデータベースのページ（http://jamaserv.jama.or.jp/newdb/index.html）で条件を下記の図のように設定し，情報を入手します。画面で表が表示されますし，画面下の「DownLoad」をクリックすると，csv形式のデータが入手できます。

＊トップページ最下方の「infoDRIVE」から「データファイル」を選択→「データファイル」のページ（http://www.jama.or.jp/stats/）で「データベース」を選択しても，データベースのページに到達できます。

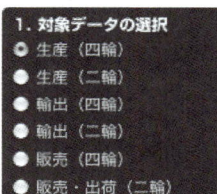

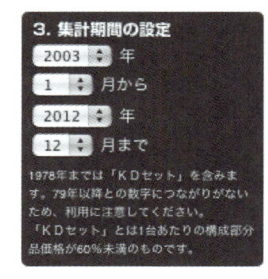

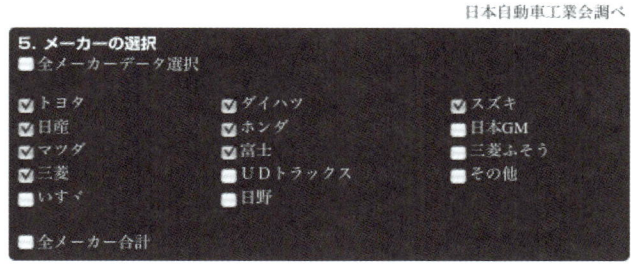

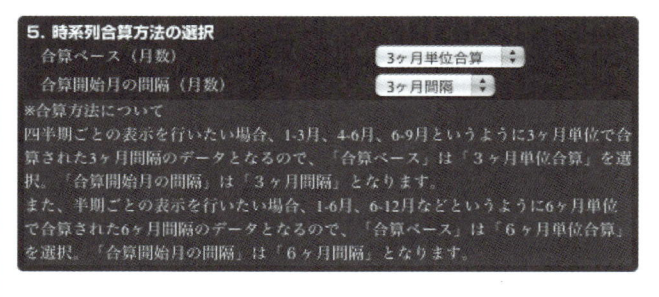

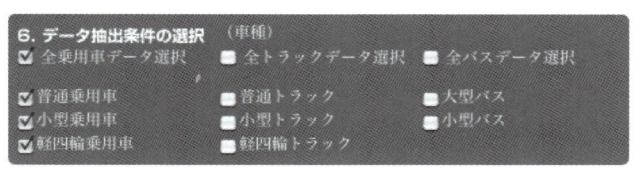

得られたデータをもとに，各自動車メーカーの乗用車生産台数の推移を表4-2の形でまとめました。2003年第1四半期（表では2003年Ⅰと表記）から2012年第4四半期（2012年Ⅳ）までの10年間（40期間）について見た四半期データです（単位：台）。

表4-2 自動車メーカー別乗用車国内生産台数の推移（2003年から2012年）

	A	B	C	D	E	F	G	H	I	J
1										（単位：台）
2			トヨタ	日産	マツダ	三菱	ダイハツ	ホンダ	富士	スズキ
3		2003年Ⅰ	816,827	341,418	181,443	177,489	133,504	297,830	93,357	214,374
4		2003年Ⅱ	745,759	283,742	169,054	141,608	116,497	256,919	85,851	206,349
5		2003年Ⅲ	723,146	319,239	185,871	167,727	119,458	267,162	93,459	189,810
6		2003年Ⅳ	796,312	298,082	196,927	158,701	123,931	295,209	90,690	188,742
7		2004年Ⅰ	839,838	339,767	190,921	170,883	138,395	309,620	114,619	208,878
8		2004年Ⅱ	777,866	287,141	181,906	125,491	130,993	272,288	101,655	217,220
9		2004年Ⅲ	799,449	303,864	180,456	114,876	121,955	300,594	101,710	212,729
10		2004年Ⅳ	814,277	273,482	204,986	121,233	137,483	308,381	85,556	231,663
11		2005年Ⅰ	910,991	374,622	192,431	133,731	146,399	336,108	100,575	215,838
12		2005年Ⅱ	801,207	301,097	192,425	119,351	129,579	292,808	86,584	229,103
13		2005年Ⅲ	785,563	278,520	207,765	149,970	125,908	285,270	99,234	232,860
14		2005年Ⅳ	876,735	266,847	213,443	152,488	137,320	299,166	99,560	243,207
15		2006年Ⅰ	1,009,425	303,521	225,127	181,041	155,346	317,871	97,967	257,809
16		2006年Ⅱ	915,853	229,069	213,871	141,442	155,408	305,289	95,150	258,537
17		2006年Ⅲ	906,015	242,952	226,070	145,830	156,687	306,512	113,807	248,580
18		2006年Ⅳ	995,526	245,050	241,794	189,031	159,501	347,427	95,637	271,758
19		2007年Ⅰ	998,372	259,837	230,375	197,324	187,799	335,467	99,758	271,506
20		2007年Ⅱ	924,543	191,040	217,287	166,188	158,027	318,010	95,673	264,330
21		2007年Ⅲ	893,561	237,357	233,342	184,773	142,809	296,639	105,830	242,245
22		2007年Ⅳ	1,032,877	294,636	271,286	209,753	159,654	338,461	102,167	283,686
23		2008年Ⅰ	1,024,428	342,273	281,322	227,664	169,288	303,481	117,690	274,041
24		2008年Ⅱ	937,464	267,369	263,093	180,074	158,566	280,892	111,157	269,511
25		2008年Ⅲ	884,019	279,353	277,510	201,141	154,477	308,479	122,706	263,191
26		2008年Ⅳ	785,235	206,666	216,800	161,788	158,991	337,769	108,962	252,613
27		2009年Ⅰ	453,305	129,016	107,301	65,993	158,068	186,921	71,082	194,770
28		2009年Ⅱ	536,543	166,558	160,004	66,916	129,269	176,940	72,756	175,006
29		2009年Ⅲ	703,893	235,697	213,875	99,703	125,810	202,563	99,620	177,811
30		2009年Ⅳ	850,176	249,224	212,418	132,835	138,128	245,874	113,818	210,470
31		2010年Ⅰ	851,763	250,897	218,820	147,567	149,201	236,343	112,367	246,068
32		2010年Ⅱ	709,155	235,334	217,372	123,196	129,048	223,534	108,762	230,724
33		2010年Ⅲ	760,708	275,306	230,366	163,384	129,460	238,681	109,709	233,113
34		2010年Ⅳ	672,088	246,623	226,765	152,040	126,877	243,000	106,605	205,486
35		2011年Ⅰ	581,517	200,733	175,811	153,663	106,014	169,304	84,092	172,593
36		2011年Ⅱ	365,553	201,724	173,537	119,426	90,690	89,948	70,718	169,864
37		2011年Ⅲ	737,664	284,527	227,582	133,515	128,731	192,910	87,405	237,829
38		2011年Ⅳ	788,812	317,582	221,130	129,538	154,521	235,786	124,303	231,403
39		2012年Ⅰ	920,291	279,581	208,776	135,003	178,948	321,287	124,568	227,821
40		2012年Ⅱ	785,541	243,556	204,245	108,277	168,405	248,599	135,552	238,827
41		2012年Ⅲ	793,957	256,725	200,186	110,072	157,397	222,025	135,987	219,746
42		2012年Ⅳ	670,460	255,864	217,087	95,246	129,137	204,921	154,705	200,387

　このデータを用いて，次の作業を行い，期間中の自動車メーカーの乗用車生産の推移について考えてみましょう。
（1）メーカー別の，乗用車生産台数の推移を示す折れ線グラフを描きましょう。
（2）メーカー別の，乗用車生産台数の対前年比増減率を求めてみましょう。
（3）メーカー別の，乗用車生産台数の対前年比増減率の動きを示す折れ線グラフを描きましょう。
　いずれも表やグラフが作成できたら，その意味を読み取り，文章に表し，考察してみましょう。

【例題4の解法】

ステップ1 まず，乗用車を生産している自動車メーカー8社の，四半期ごとの乗用車生産台数の推移を示す折れ線グラフを描きます。

まず，マウスで，グラフに表したい領域を，時期や社名も含んで選択します。ここでは **B2** から **J42** の領域になります。[挿入] タブ [グラフ] グループの [折れ線グラフの挿入] ボタン〰️を押し，「2-D 折れ線」の「折れ線グラフ」を選択します。

次のようにグラフが表示されますので，必要な修正を行います。

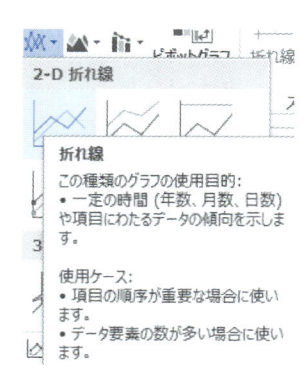

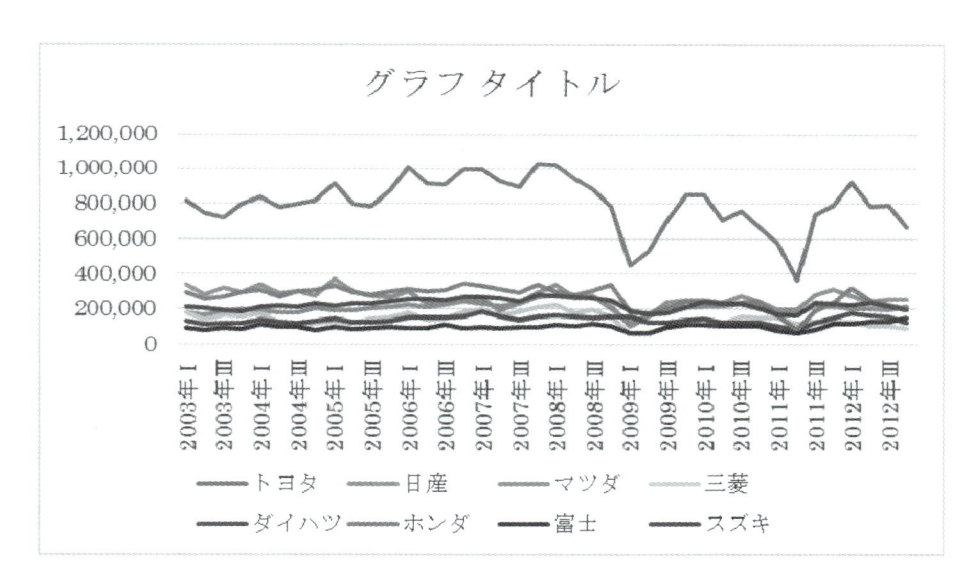

修正はすべて，グラフを選択した状態（グラフのどこかをマウスでクリックします）で行います。作業の順は，下記の通りにならなくても構いません。

① 適切なタイトルを付けます。

「グラフタイトル」と表示された箇所を選択し，タイトルを読んだだけでグラフの内容がわかるようなタイトルを付けます。ただしあまり長すぎないように工夫します。また，フォントの大きさを調整するなどしてできる限り1行におさまるようにしましょう。

② 横軸の修正を行います。

現在の表示は，期間数が多いため表示が飛び飛びになっています。また，期間名が斜め表示になっていることもあります。これを，すべての期間が表示されるように，各期間がグラフのどの点を指し示しているのかわかりやすく修正します。

ここでは，期間名という文字列の表示（方向）を変更する方法を紹介します。どこでも

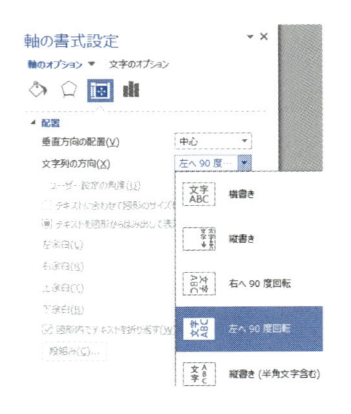

構いませんので横軸の期間名の上でマウスの右ボタンをクリックし，[軸の書式設定] を選びます。

作業ウィンドウが開きますので，[軸のオプション][サイズとプロパティ] で [配置] の [文字列の方向] を（デフォルトの「横書き」から）たとえば「左へ 90 度回転」に変更します。この操作だけではまだすべての期間は表示されていないかもしれません。グラフの横幅を拡げたり，期間名のフォントサイズを小さくしたりして，すべての期間を表示させましょう。

③ 縦軸の修正を行います。

縦軸の上部に，データの単位を表示します。[挿入] タブ [テキスト] グループの [テキストボックス] をクリックし，[横書きテキストボックス] を選択します。マウスでデータ単位を表示させたい領域を確保し，キーボードから単位を記入します。記入する文字列は，通常の入力のようにフォントの大きさやタイプなどを変更することができます。

なお，縦軸の数値の表示を変更することもできます。何も指定しなければ，今回の場合，Excel は縦軸の目盛りを 0 から 120 万台まで取り，20 万台ごとに表示しています。これを変更したければ，縦軸の目盛りの数字の上で右ボタンをクリックし，[軸の書式設定] を選びます。作業ウィンドウが開きますので，[軸のオプション][軸のオプション] の [軸のオプション] で，「境界値」や「目盛間隔」を必要に応じて調整してください。デフォルトは [境界値] の [最小値] が **0.0**，[最大値] が **1,200,000.0**（**1.2E6** は 1.2 × 10^6 の意味で，120 万を表します），[目盛間隔] の [目盛] が **200,000.0** となっています（下左図）が，変更が必要な欄に希望する値を入力すれば表示を変更できます。また，目盛り表示は整数でいいと思うなら，[軸のオプション] の [表示形式] で，[カテゴリ]（ここでは「数値」を選択）や [小数点以下の桁数]（**0** に変更し，整数表示に）などを調整します（下右図）。

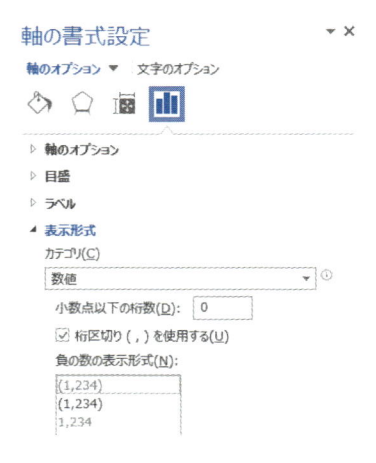

なお，このグラフは同時に8社のメーカーの生産台数を表していますので，グラフの線がどのメーカーの生産台数であるかを示す凡例は必要です。

完成した折れ線グラフは，たとえば次のようになります（縦軸の目盛りはデフォルトのままです）。

このグラフ（図4-1）からどのようなことがわかるか，考察してみましょう。

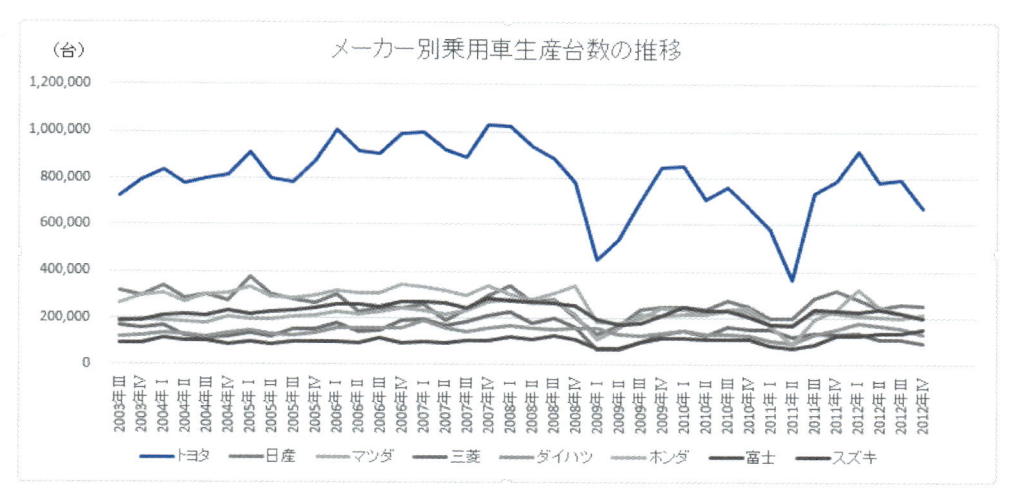

図4-1　自動車メーカー別乗用車国内生産台数の推移（8社のケース）

一番生産台数の多いトヨタの折れ線を見てみると，大ざっぱに言って，
- トヨタの生産台数が，いずれの時期においても，圧倒的に多い，
- 2003年から2008年頃までは，小さな循環はあるものの徐々に生産台数は増加していたが，2009年第1四半期に，生産台数は2003年水準の半数近くまで大きく落ち込んだ，
- その後，生産台数は2004年頃の水準まで回復したが，2011年第2四半期に，2009年のときよりさらに大きく落ち込んだ，
- 生産台数は回復傾向にあるが，2012年末の段階で2003年の水準まで戻ってはいない，

といったことを観察することができます。

なお，考察は詳しく，具体的な数字を用いて根拠を示しながら行います。上では「圧倒的に多い」といった漠然とした表現をしていますが，皆さんが考察するときは，いつの時点の話かをはっきりと示した上で，台数で見て何台くらい違うか，あるいはたとえば2位の生産台数の何倍にあたるかなど具体的な数値を明確に示し，そこからわかる結論を的確に述べるようにしましょう。

以上のトヨタ自動車の生産台数の動きについて，その理由も考えてみましょう。小さな循環は，景気変動なのでしょうか，それとも季節による特徴（たとえば冬の生産台数が多いなど）があるでしょうか。もしグラフから特定の季節に生産が増減していたら，その理

由も考えてみましょう。ただし，レポート等に書く場合には，根拠を示さずに（勝手な）推測だけを書いてはいけませんので，あなたの考える理由の根拠がないか，調べてみましょう。

ところで，2009年第1四半期や2011年第2四半期の落ち込みは何によるのでしょうか。これらの原因も調べてみましょう。

以上，トヨタの生産台数の動きから考察を行ってきましたが，併行して，他のメーカーの動きも見ていきましょう。トヨタの動きと同じ動きが見られるか，異なる場合，どのように異なるか，丁寧に観察してみましょう。

たとえば，トヨタの生産台数は2009年第1四半期に落ち込みますが，メーカーによってはすでに2008年第4四半期に落ち込むものも，2009年第2四半期に初めて落ち込むものなど，すべてのメーカーで落ち込みは見られるもののその時期は異なっています。このこともこの落ち込みの原因が何かを探る上でのヒントになります。また，原因が特定できたら，なぜ影響の時期がメーカーにより異なるのか，その理由を探ることも重要です。

これらの分析を行うとき，図4-1ではトヨタの生産台数が多いため，他の7社の動きが観察しにくくなっています。7社の動きを詳しく見るため，トヨタを除いて描いたグラフが図4-2です。

このグラフは，図4-1でトヨタの生産台数の折れ線を選択し，DELキーを押すだけで簡単に得られます（縦軸の「最大値」が自動設定の場合，目盛りは自動的に修正されます。自分で設定を変更した場合は［軸の書式設定］で調整を行います）。

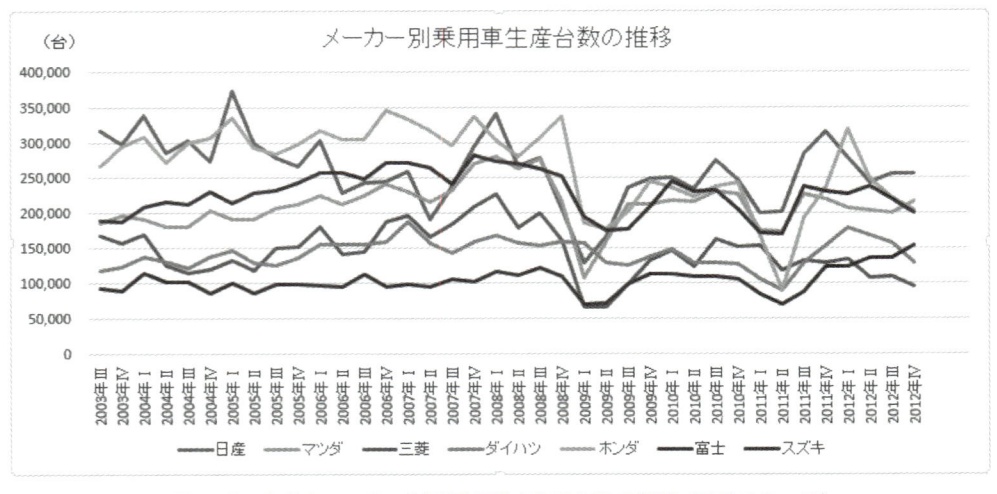

図4-2　自動車メーカー別乗用車国内生産台数の推移（7社のケース）

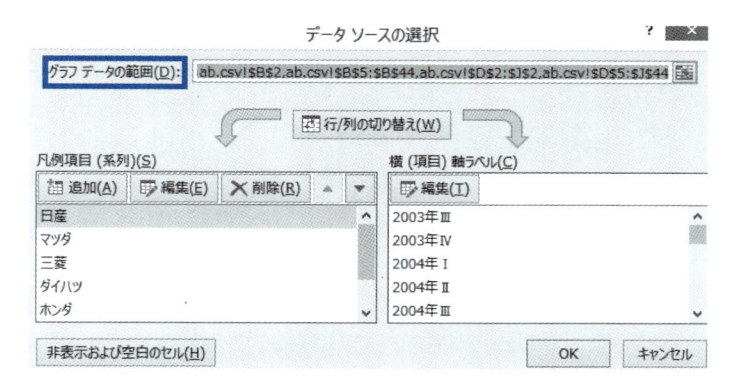

なお，元に戻したいときは，［グラフツール］［デザイン］タブ［データ］グループの［データの選択］ボタン🔲を押し，表示された［データソースの選択］ダイアログボックスの［グラフデータの範囲］を指定し直します（範囲の内容を選択し，Excelのデータシートに戻り，始めに選択したように期間からスズキまでの全データをマウスで選択）。凡例項目に「トヨタ」が再表示され，［OK］を押してグラフに戻ると，トヨタの折れ線が再表示されます。

ステップ2 各社の生産台数の対前年比増減率を求めます。

折れ線グラフを描くことにより，乗用車の生産についてさまざまなことがわかってきました。ただ，各社の生産水準が（大きく）異なることもあり，グラフから視覚的に見るだけでは生産台数の増減を正確に把握することは困難です。こういうときに便利なのが「増減率」（変化率）です。

今回用いている四半期データの場合，増減率は，対前期比（1つ前の四半期からどう変化したか）でも求められますし，対前年比（前年の同じ時期に比べどう増減したか）で見ることもできます。各社の増減率は，前期比，前年比，それぞれについて，次の式から求めることができます。

$$\text{ある期間の対前期比増減率} = \frac{(\text{その期間の値} - 1\text{期前の値})}{1\text{期前の値}}$$

$$\text{ある期間の対前年比増減率} = \frac{(\text{その期間の値} - 1\text{年前の値})}{1\text{年前の値}}$$

（四半期データですので，1年前の値とは4つ前のデータということになります。）

ここでは，自動車の生産には季節的な動きがあるかもしれませんので，前期比ではなく，前年比で変化をとらえていくことにします。

【1】 Excelに表の枠組みを準備します。同じく8社の列を準備します。一方期間は，増減率を求める際に4つ前のデータが必要ですので4期分短くなり，（元のデータが2003年

Iから2012年Ⅳまである場合）2004年Ⅰから2012年Ⅳまでの36期になります。

ここでは，同じシートの45行目から下記のような形で枠組みを準備したとして話を進めます。

	A	B	C	D	E	F	G	H	I	J
1										（単位：台）
2			トヨタ	日産	マツダ	三菱	ダイハツ	ホンダ	富士	スズキ
3		2003年Ⅰ	816,827	341,418	181,443	177,489	133,504	297,830	93,357	214,374
4		2003年Ⅱ	745,759	283,742	169,054	141,608	116,497	256,919	85,851	206,349
5		2003年Ⅲ	723,146	319,239	185,871	167,727	119,458	267,162	93,459	189,810
6		2003年Ⅳ	796,312	298,082	196,927	158,701	123,931	295,209	90,690	188,742
7		2004年Ⅰ	839,838	339,767	190,921	170,883	138,395	309,620	114,619	208,878
8		2004年Ⅱ	777,866	287,141	181,906	125,491	130,993	272,288	101,655	217,220
43										
44										
45			トヨタ	日産	マツダ	三菱	ダイハツ	ホンダ	富士	スズキ
46		2004年Ⅰ								
47		2004年Ⅱ								
48		2004年Ⅲ								
49		2004年Ⅳ								
50		2005年Ⅰ								
51		2005年Ⅱ								

【2】　次に，「トヨタの2004年第1四半期の対前年増減率」を計算します。

　　上記の数式に沿って入力作業を行います。手順としては，

　　　「トヨタの2004年第1四半期の対前年増減率」のセル（**C46**）を選択
　　　　→数式入力のため［+］または［=］を入力
　　　　→キーボードから「(」を入力
　　　　→マウスで［**C7**（トヨタの2004年第1四半期の生産台数）］をクリック
　　　　→キーボードから「-」を入力
　　　　→マウスで［**C3**（トヨタの2003年第1四半期の生産台数）］をクリック
　　　　→キーボードから「)」を入力
　　　　→キーボードから「/」を入力
　　　　→マウスで［**C3**（トヨタの2003年第1四半期の生産台数）］をクリック
　　　　→ENTER で確定します。

　このような作業を行うのは，「2004年第1四半期の対前年増減率」のセル（**C46**）だけで構いません。残りのセルはコピー機能をうまく使うだけで計算・入力することができます。

　はじめに計算されたセルを下方向にコピーすると，トヨタのそれぞれの時期の増減率の計算式が入力されます（たとえば7つ下のセルには「トヨタの2005年第4四半期の増減率」が計算されます）。また，はじめに計算されたセルを右方向にコピーすると，1つ右には日産，5つ右にはホンダといった形で他の7社の同時期の増減率が計算されます。**C46**のセルをコピーするだけで，すべてのセルに増減率を入力できます。

【3】　計算した増減率を見やすい表示形式にしましょう。増減率ですので，パーセント表示がよいでしょう。桁については，今回のデータは有効数字は十分ですが，あまり細かい

ところまで見ても煩雑ですので，小数第1位の桁まで表示することにします。すべてのセルを選択し，①［ホーム］タブ［数値］グループで［セルの書式設定］を選び，または，②ツールバーの％や.00ボタンをクリックし，表示形式を整えます。

完成した各自動車メーカーの乗用車生産台数の対前年比増減率の表は，次のようになります（表4-3）。さまざまな角度から考察してみましょう。

表4-3　自動車メーカー別乗用車国内生産台数の対前年比増減率の推移

	トヨタ	日産	マツダ	三菱	ダイハツ	ホンダ	富士	スズキ
2004年Ⅰ	2.8%	-0.5%	5.2%	-3.7%	3.7%	4.0%	22.8%	-2.6%
2004年Ⅱ	4.3%	1.2%	7.6%	-11.4%	12.4%	6.0%	18.4%	5.3%
2004年Ⅲ	10.6%	-4.8%	-2.9%	-31.5%	2.1%	12.5%	8.8%	12.1%
2004年Ⅳ	2.3%	-8.3%	4.1%	-23.6%	10.9%	4.5%	-5.7%	22.7%
2005年Ⅰ	8.5%	10.3%	0.8%	-21.7%	5.8%	8.6%	-12.3%	3.3%
2005年Ⅱ	3.0%	4.9%	5.8%	-4.9%	-1.1%	7.5%	-14.8%	5.5%
2005年Ⅲ	-1.7%	-8.3%	15.1%	30.5%	3.2%	-5.1%	-2.4%	9.5%
2005年Ⅳ	7.7%	-2.4%	4.1%	25.8%	-0.1%	-3.0%	16.4%	5.0%
2006年Ⅰ	10.8%	-19.0%	17.0%	35.4%	6.1%	-5.4%	-2.6%	19.4%
2006年Ⅱ	14.3%	-23.9%	11.1%	18.5%	19.9%	4.3%	9.9%	12.8%
2006年Ⅲ	15.3%	-12.8%	8.8%	-2.8%	24.4%	7.4%	14.7%	6.8%
2006年Ⅳ	13.5%	-8.2%	13.3%	24.0%	16.2%	16.1%	-3.9%	11.7%
2007年Ⅰ	-1.1%	-14.4%	2.3%	9.0%	20.9%	5.5%	1.8%	5.3%
2007年Ⅱ	0.9%	-16.6%	1.6%	17.5%	1.7%	4.2%	0.5%	2.2%
2007年Ⅲ	-1.4%	-2.3%	3.2%	26.7%	-8.9%	-3.2%	-7.0%	-2.5%
2007年Ⅳ	3.8%	20.2%	12.2%	11.0%	0.1%	-2.6%	6.8%	4.4%
2008年Ⅰ	2.6%	31.7%	22.1%	15.4%	-9.9%	-9.5%	18.0%	0.9%
2008年Ⅱ	1.4%	40.0%	21.1%	8.4%	0.3%	-11.7%	16.2%	2.0%
2008年Ⅲ	-1.1%	17.7%	18.9%	8.9%	8.2%	4.0%	15.9%	8.6%
2008年Ⅳ	-24.0%	-29.9%	-20.1%	-22.9%	-0.4%	-0.2%	6.7%	-11.0%
2009年Ⅰ	-55.8%	-62.3%	-61.9%	-71.0%	-6.6%	-38.4%	-39.6%	-28.9%
2009年Ⅱ	-42.8%	-37.7%	-39.2%	-62.8%	-18.5%	-37.0%	-34.5%	-35.1%
2009年Ⅲ	-20.4%	-15.6%	-22.9%	-50.3%	-18.6%	-34.3%	-18.8%	-32.4%
2009年Ⅳ	8.3%	20.6%	-2.0%	-17.9%	-13.1%	-27.2%	4.5%	-16.7%
2010年Ⅰ	87.9%	94.5%	103.9%	123.6%	-5.6%	26.4%	58.1%	26.3%
2010年Ⅱ	32.2%	41.3%	35.9%	84.1%	-0.2%	26.3%	49.5%	31.8%
2010年Ⅲ	8.1%	16.8%	7.7%	63.9%	2.9%	17.8%	10.1%	31.1%
2010年Ⅳ	-20.9%	-1.0%	6.8%	14.5%	-8.1%	-1.2%	-6.3%	-2.4%
2011年Ⅰ	-31.7%	-20.0%	-19.7%	4.1%	-28.9%	-28.4%	-25.2%	-29.9%
2011年Ⅱ	-48.5%	-14.3%	-20.2%	-3.1%	-29.7%	-59.8%	-35.0%	-26.4%
2011年Ⅲ	-3.0%	3.4%	-1.2%	-18.3%	-0.6%	-19.2%	-20.3%	2.0%
2011年Ⅳ	17.4%	28.8%	-2.5%	-14.8%	21.8%	-3.0%	16.6%	12.6%
2012年Ⅰ	58.3%	39.3%	18.8%	-12.1%	68.8%	89.8%	48.1%	32.0%
2012年Ⅱ	114.9%	20.7%	17.7%	-9.3%	85.7%	176.4%	93.1%	40.6%
2012年Ⅲ	7.6%	-9.8%	-12.0%	-17.6%	22.3%	15.1%	55.6%	-7.6%
2012年Ⅳ	-15.0%	-19.4%	-1.8%	-26.5%	-16.4%	-13.1%	24.5%	-13.4%

一点だけ指摘しておくと，先にトヨタの生産量は2009年第1四半期に大きく落ち込んだことを観察しましたが，対前年比増減率で見ると，落ち込みは2008年第4四半期にすでに始まっていたことがわかります。

このように，視点や見る角度が異なると観察される内容が違います。データの動きを検討する際には，さまざまな角度から検討するようにしましょう。また検討の際には，どのような角度から見ているかを頭に置いて評価するように心がけましょう。

ステップ3　最後に，自動車メーカー別の乗用車生産台数の対前期比増減率の動きを示す折れ線グラフを描いてみましょう。手順はステップ1と同じです。なお，縦軸の目盛りに「％」という単位が表示されますので，縦軸上部の単位表示は不要です。

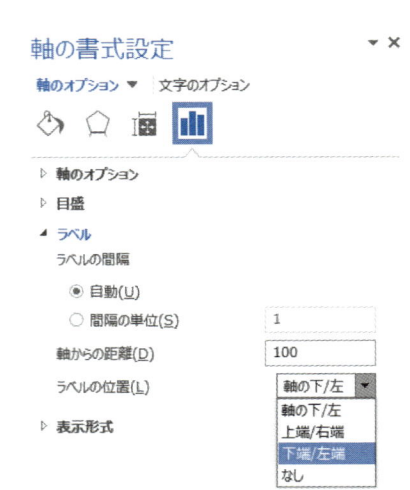

第4章 折れ線グラフを描いて，時代による推移を見よう

このとき，標準（デフォルト）の設定では，期間名は，増減率0.0%の軸に表示されます。

これは間違いではありませんが，線と重複して見づらいなどの理由で，図4-3のグラフのように外側に表示したい場合は，次の操作を行います。

期間名の表示の上で右ボタンをクリック
→［軸の書式設定］を選択
→作業ウィンドウの［軸のオプション］📊 の［ラベル］［ラベルの位置］で，デフォルトの「軸の下／左」を「下端／左端」に変更します。

完成したグラフは下記のようになります。

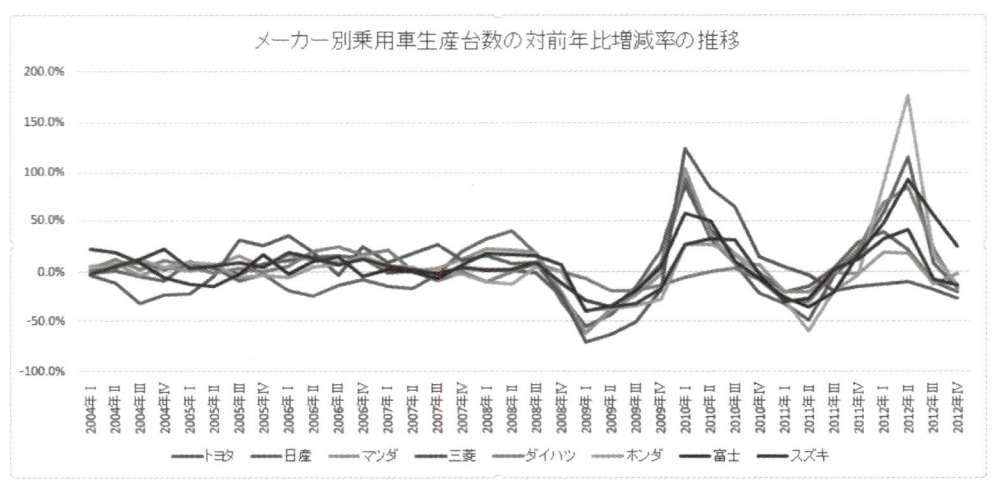

図4-3　自動車メーカー別乗用車国内生産台数の対前年比増減率の推移

このグラフからどのようなことがわかるか，考察してみましょう。

生産台数の推移を見たときとはまた違った角度から，自動車メーカーの乗用車生産台数の動きを観察することができます。

第5章
積み上げ棒グラフを描いて，項目ごとの値やその比率を見よう

■この章で学ぶこと
1. 積み上げ棒グラフを用いて，複数の項目の大小関係を見よう。
2. 100%積み上げ棒グラフを用いて，複数の項目の全体に占める比率を見よう。

■キーワード
☐ 積み上げ棒グラフ
☐ 100%積み上げ棒グラフ

5.1 全体の大きさに加えその内訳も，積み上げ棒グラフに表してみよう

　　ここまでさまざまなグラフを利用し，あるデータ（変数）の特徴をとらえてきました。第2章では数値の大きさを比較する棒グラフ，第3章では比率の違いを把握する円グラフ，そして第4章では時間の推移に伴う変化をとらえる折れ線グラフを学びました。これらのグラフにより，あるデータの全体の水準の特徴をとらえることができます。

　　ここで，第4章で利用した「自動車メーカーの国内生産台数」の表を思い出してみましょう。表5-1として再掲します。

　　第4章ではこの情報をもとに，乗用車の総生産台数（表では「小計」欄）のみに着目し，その時間的推移を折れ線グラフに表しました。

　　見方を変えて，ある変数に話を絞り，企業別データ（クロスセクションデータ）の比較を行うにはどうしたらいいでしょうか。第2章で学んだ棒グラフを用いるならば，たとえば「2012年のメーカー別乗用車生産台数」の比較を行うことができます。ある

第5章 積み上げ棒グラフを描いて，項目ごとの値やその比率を見よう

表5-1 自動車メーカーの国内生産台数（2012年）

(単位:台)

	乗用車				トラック				バス			全車種合計
	普通	小型	軽四輪	小計	普通	小型	軽四輪	小計	大型	小型	小計	
トヨタ	2,204,275	966,014	0	3,170,289	106,985	114,280	0	221,265	0	101,359	101,359	3,492,913
日産	633,120	402,606	0	1,035,726	35,451	71,137	0	106,588	0	5,951	5,951	1,148,265
マツダ	692,488	137,806	0	830,294	0	15,256	0	15,256	0	0	0	845,550
三菱	358,652	27,591	62,355	448,598	2,295	2,944	61,331	66,570	0	0	0	515,168
いすゞ	0	0	0	0	206,394	32,309	0	238,703	2,544	0	2,544	241,247
ダイハツ	0	17,749	616,138	633,887	0	0	140,519	140,519	0	0	0	774,406
ホンダ	145,003	528,558	323,271	996,832	0	0	32,481	32,481	0	0	0	1,029,313
富士	551,812	0	0	551,812	0	0	18,361	18,361	0	0	0	570,173
UDトラックス	0	0	0	0	20,014	1,600	0	21,614	241	0	241	21,855
日野	0	0	0	0	138,775	7,862	0	146,637	5,972	230	6,202	152,839
スズキ	100,762	172,348	613,671	886,781	0	20,568	154,514	175,082	0	0	0	1,061,863
日本GM	0	0	0	0	0	0	0	0	0	0	0	0
三菱ふそう	0	0	0	0	71,127	10,036	0	81,163	1,841	4,082	5,923	87,086
その他	0	0	0	0	2,115	0	0	2,115	0	0	0	2,115
全メーカー合計	4,686,112	2,252,672	1,615,435	8,554,219	583,156	275,992	407,206	1,266,354	10,598	111,622	122,220	9,942,793

時点の，ある1つの変数の大小比較です。しかし表5-1から明らかなように，生産されている自動車は乗用車，トラック，バスの3種あり，さらにそれぞれが車の大きさによって分けられています。

たとえば乗用車は，その大きさにより普通車，小型車，軽四輪車に分けられ，メーカーによって生産しているタイプが異なります。乗用車全体を見たとき圧倒的に生産台数の多いトヨタは普通車，小型車は生産していますが，軽四輪車は生産していません。一方，ダイハツは普通車の生産は行っていませんが，小型車と，とりわけ軽四輪車の生産に特化しているようです。

> ※小型乗用車の条件は，全長：4.7m以下，全幅：1.7m以下，全高：2m以下，総排気量：2,000cc以下，軽四輪車の条件は，全長3.40m以下，全幅1.48m以下，全高2m以下，排気量660cc以下となっています。

このような違いをとらえるには，すなわちメーカー別の乗用車全体の大きさも比較し，同時にその内訳の違いも把握するにはどうしたらよいでしょうか。複数の棒グラフや円グラフを並べ比較することもできるでしょうが，項目別の表示ができる棒グラフである「積み上げ棒グラフ」を利用すれば，1つのグラフで全体の量（水準）とその内訳の大きさを同時に把握することができます。

積み上げ棒グラフは，縦棒グラフでも横棒グラフでも作成することができます。この章では縦棒グラフを例に話を進めますが，横棒グラフでもグラフ作成時の注意は同じです。

積み上げ縦棒グラフで数量の比較を行う場合，たとえば上記の乗用車生産台数の例では，各社の棒グラフの長さは異なります。

一方，各社の生産のうちそれぞれのタイプの車がどれだけの比率を占めているかを検討したい場合，たとえばトヨタの乗用車生産の7割は普通車で3割は小型車であるといった情報を見たい場合，各社の棒グラフの背の高さはすべて100％で等しくなります。このように複数の項目の全体に占める比率を比較したい場合には「100％積み上げ棒グラフ」を描きます。

この章では，この2つのグラフ，積み上げ縦棒グラフ，100％積み上げ縦棒グラフの描き方を学んでいきます。

5.2　例題5　積み上げ棒グラフを描こう

表5-2は，2012年の各自動車メーカーの乗用車生産台数について，その内訳を見たものです。データの出所は，第4章と同じく日本自動車工業会のデータベースのページです。

表5-2　自動車メーカーの乗用車生産台数の内訳（2012年）

		生産台数（台）				生産台数の車種別比率		
		普通車	小型車	軽四輪車	乗用車計	普通車	小型車	軽四輪車
	トヨタ	2,204,275	966,014	0				
	日産	633,120	402,606	0				
	マツダ	692,488	137,806	0				
	三菱	358,652	27,591	62,355				
	ダイハツ	0	17,749	616,138				
	ホンダ	145,003	528,558	323,271				
	富士	551,812	0	0				
	スズキ	100,762	172,348	613,671				
	合　計	4,686,112	2,252,672	1,615,435				

(1) 表の空欄に適切な数値を計算しなさい。なお，車種別比率の欄には，そのメーカーについて，乗用車合計に各車種が占める比率を計算しなさい（あるメーカーについて，横に，普通，小型，軽四輪の比率を合計すると100％になります）。
(2) メーカー別の乗用車生産台数について，車種別の内訳も表した積み上げ縦棒グラフを描き，そこからわかることを考察しなさい。
(3) メーカー別の乗用車生産車種別比率について，100％積み上げ縦棒グラフを描き，そこからわかることを考察しなさい。

【例題5の解法】
ステップ1　空欄を完成させていきます。
【1】「生産台数-乗用車計」欄を完成させます。トヨタの乗用車計のセル（**F4**）を選択し，オートSUMボタン **Σ** を押します。選択された範囲が正しい（**C4：E4**）ことを確認し確

定します。他の行（メーカー）でも同じ操作を行いますので，**F4** のセルを選択し，下向きにコピーします。計算されたセルをすべて選択し，桁区切りのカンマを表示します。

【2】 次に，トヨタの車種別比率–普通車（**G4**）を選択し，まず，

トヨタの生産台数–普通車（**C4**）÷トヨタの生産台数–乗用車計（**F4**）

という式を入力します。ここで，できるだけ手間を省くために，下方向，右方向にコピーするだけで正しい計算ができる数式を考えてみましょう。他メーカーの普通者の比率は，先ほどの乗用車計の計算と同様に，この式を下方向にコピーするだけで行うことができます。

一方，右方向へのコピー，小型車や軽四輪車の比率は，分子は右方向に移動して構いませんが，分母は常に **F** 列の乗用車計でなくてはいけません。そこで絶対番地を用い，トヨタの車種別比率–普通車（**G4**）に入力する式は「**=C4/$F4**」とします。あとは，このセルを他のメーカーの行や他の車種の列にコピーします。

車種別比率の欄は，［セルの書式設定］あるいは％ボタンや．00ボタンを用いて，小数第1位までのパーセント表示にします。

完成した表は，表 5-3 のようになります。

表 5-3 自動車メーカーの乗用車生産台数の内訳とその車種別比率（2012 年）

	生産台数（台）				生産台数の車種別比率		
	普通車	小型車	軽四輪車	乗用車計	普通車	小型車	軽四輪車
トヨタ	2,204,275	966,014	0	3,170,289	69.5%	30.5%	0.0%
日産	633,120	402,606	0	1,035,726	61.1%	38.9%	0.0%
マツダ	692,488	137,806	0	830,294	83.4%	16.6%	0.0%
三菱	358,652	27,591	62,355	448,598	79.9%	6.2%	13.9%
ダイハツ	0	17,749	616,138	633,887	0.0%	2.8%	97.2%
ホンダ	145,003	528,558	323,271	996,832	14.5%	53.0%	32.4%
富士	551,812	0	0	551,812	100.0%	0.0%	0.0%
スズキ	100,762	172,348	613,671	886,781	11.4%	19.4%	69.2%
合計	4,686,112	2,252,672	1,615,435	8,554,219	54.8%	26.3%	18.9%

ステップ2 メーカー別の乗用車の生産台数を，車種による違いもわかるように，積み上げ縦棒グラフに描いていきましょう。

ここでは，生産された乗用車全体における車種の違いも同時に把握するために，8 社の「合計」欄もグラフに表示することにします。メーカー8社だけに着目したい場合は「合計」欄は含まない形で選択してください。なお，3 種類の車の生産台数がわかれば，自動的にその合計台数は求まります。重複しますから，乗用車計は範囲指定する必要がありません。

次図で，色アミで表示した部分を選択します。

［挿入］タブ［グラフ］グループ，［縦棒グラフの挿入］ボタンを押し，「**2-D 縦棒**」グラフから「**積み上げ縦棒**」グラフを選択します。

	A	B	C	D	E	F
2			生	産　台	数　（台）	
3			普通車	小型車	軽四輪車	乗用車計
4		トヨタ	2,204,275	966,014	0	3,170,289
5		日産	633,120	402,606	0	1,035,726
6		マツダ	692,488	137,806	0	830,294
7		三菱	358,652	27,591	62,355	448,598
8		ダイハツ	0	17,749	616,138	633,887
9		ホンダ	145,003	528,558	323,271	996,832
10		富士	551,812	0	0	551,812
11		スズキ	100,762	172,348	613,671	886,781
12		合　計	4,686,112	2,252,672	1,615,435	8,554,219

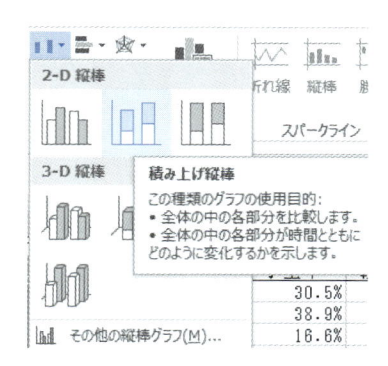

次のグラフが表示されますので，修正を行い，見やすいグラフを作成します。

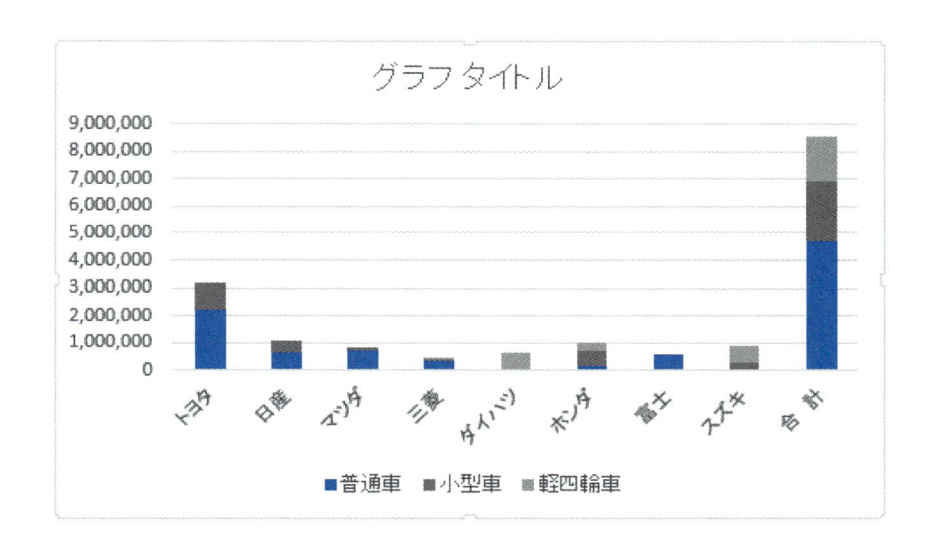

① 適切なグラフタイトルを付けます。
② 横軸の社名が斜め表示になっている場合，「横向き」あるいは「左へ90度回転」させます。

　グラフの表示領域を広げます。または，横軸の社名の上でマウスの右ボタンをクリックし，［軸の書式設定］を選択→作業ウィンドウの［軸のオプション］［サイズとプロパティ］　で［文字列の方向］を適宜変更します。

③ 縦軸上部に，単位を表示します。［挿入］タブ［テキスト］グループ［テキストボックス］［横書きテキストボックス］を選択し，適当な位置に領域を設定し，単位を入力します。

　完成したグラフは，たとえば図5-1になります。ここでは，グラフの表示領域の横幅を広くするため，凡例の位置を動かしています。

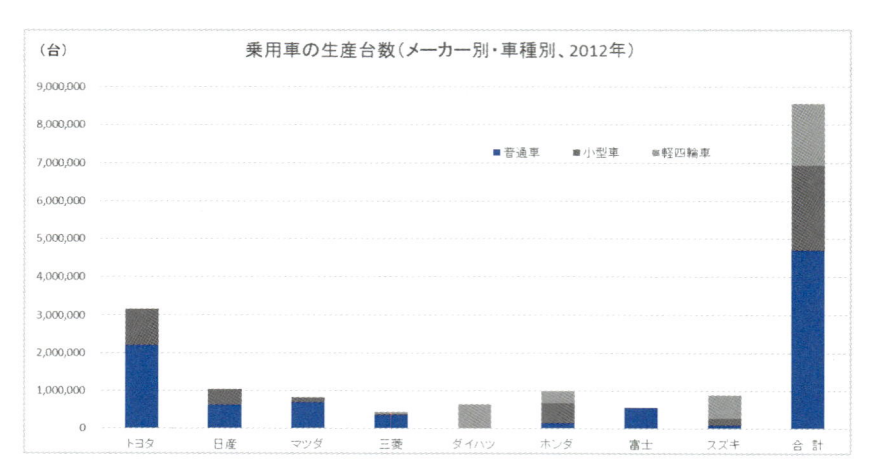

第5章 積み上げ棒グラフを描いて，項目ごとの値やその比率を見よう

図5-1 乗用車生産台数の積み上げ縦棒グラフ（「合計」を含む）

　もし，このグラフを完成した後で，やはり合計は不要だった，8社だけのグラフを描こうと思った場合は，グラフを選択した状態で，［グラフツール］の［デザイン］タブ［データ］グループの［データの選択］ボタンをクリックします。［データソースの選択］ダイアログボックスで［グラフデータの範囲］を選択し，マウスで合計欄を除いた範囲を指定し直し［OK］をクリックすると，メーカー8社のみの積み上げ縦棒グラフを描くことができます。縦軸の目盛りは自動的に調整されます（図5-2）。

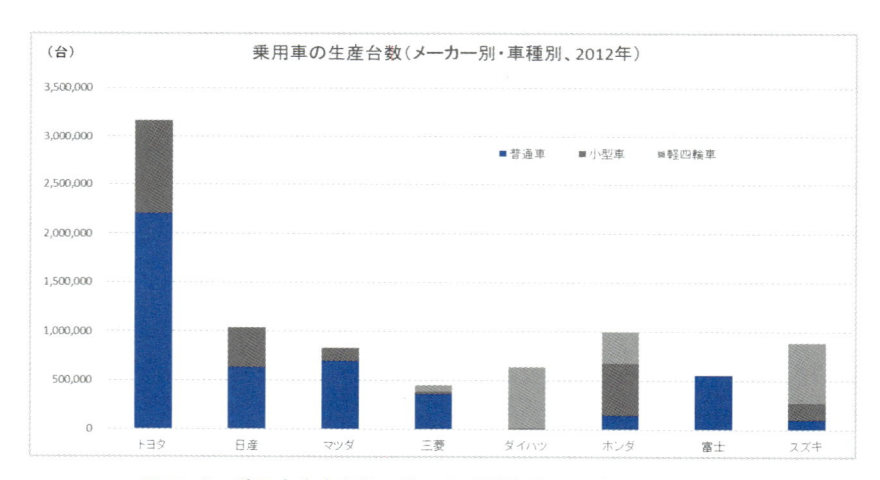

図5-2 乗用車生産台数の積み上げ縦棒グラフ（メーカーのみ）

　これらのグラフから，各メーカーがどの車種をどのくらいの台数，生産しているか，また，ある車種の生産はどのメーカーがどれくらいの台数行っているかなど，いろいろ読み取ってみましょう。

ステップ3　100％積み上げ縦棒グラフを描いてみましょう。

ステップ2で作成した積み上げ縦棒グラフを見ると，一目で，各社が生産した台数を車種別に把握することができます。各車種が，どのメーカーにより生産されているかも視覚的に把握できます。

ここで少し見方を変えて，表5-3で求めた生産台数の車種別比率を100％積み上げ縦棒グラフに描いてみると，ある自動車メーカーがそれぞれの車種にどれくらいの比重を置いて生産を行っているかを知ることができます。

	A	B	C	D	E	F	G	H	I
1									
2			生	産	台	数	（台）	生産台数の車種別比率	
3			普通車	小型車	軽四輪車	乗用車計	普通車	小型車	軽四輪車
4		トヨタ	2,204,275	966,014	0	3,170,289	69.5%	30.5%	0.0%
5		日産	633,120	402,606	0	1,035,726	61.1%	38.9%	0.0%
6		マツダ	692,488	137,806	0	830,294	83.4%	16.6%	0.0%
7		三菱	358,652	27,591	62,355	448,598	79.9%	6.2%	13.9%
8		ダイハツ	0	17,749	616,138	633,887	0.0%	2.8%	97.2%
9		ホンダ	145,003	528,558	323,271	996,832	14.5%	53.0%	32.4%
10		富士	551,812	0	0	551,812	100.0%	0.0%	0.0%
11		スズキ	100,762	172,348	613,671	886,781	11.4%	19.4%	69.2%
12		合　計	4,686,112	2,252,672	1,615,435	8,554,219	54.8%	26.3%	18.9%

色アミの領域を選択し（離れたセルを選択する場合にはCTRLキーを押しながら選択を行います），［挿入］タブ［グラフ］グループ［縦棒グラフの挿入］ボタンを押し，「2-D縦棒」グラフから［100％積み上げ縦棒］グラフを選択します。

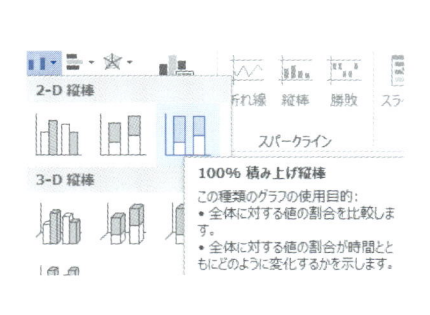

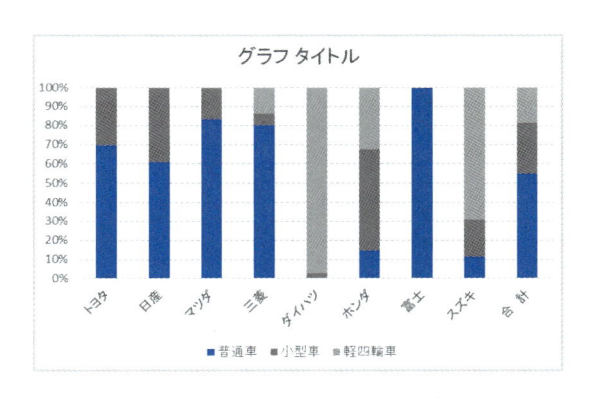

表示されたグラフについて
① 適切なタイトルをつけます。
② 横軸の社名を見やすく表示し直します。

なお，縦軸の目盛りに単位（％）が表示されていますので，縦軸上部に単位を表示する必要はありません。

完成したグラフは，図5-3のようになります。

第 5 章 積み上げ棒グラフを描いて，項目ごとの値やその比率を見よう

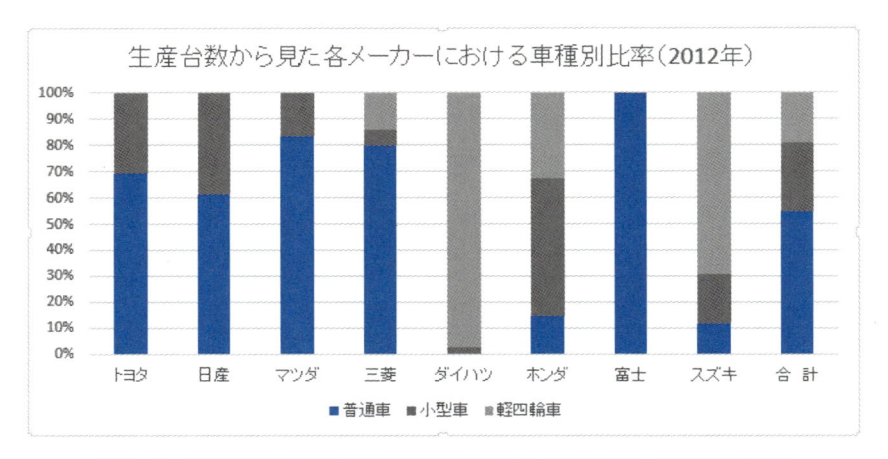

生産台数から見た各メーカーにおける車種別比率（2012年）

図 5-3 乗用車生産台数の車種別比率に関する 100%積み上げ縦棒グラフ

「合計」のグラフより日本全体における車種別生産台数の割合がわかります。また，各メーカーの車種別比率から，各メーカーがどのように各車種に比重を置いているか，知ることができます。

第6章
第2軸を使った複合グラフを描いて，重要項目を洗い出そう

■この章で学ぶこと
1. 複数のことがらの構成比率，累積比率を求めてみよう。
2. 第2軸を使った複合グラフを描いてみよう。
3. 重要なことがらを洗い出すパレート図について学ぼう。

■キーワード
□ パレート図
□ 複合グラフ
□ 第2軸

6.1 パレート図を描いて，重要な要因を洗い出そう

　私たちのまわりにはさまざまな問題があふれています。それらを解決していくためには何らかの行動を起こさなければなりませんが，どこから手を付けたらいいでしょうか。

　まずはその問題（現象）の実情を把握しなければなりません。事情を調べ，データを集め，整理しなければなりませんが，どのように整理すればうまく解決手段を見つけることができるでしょうか。最終的にはすべての問題を解決していきたいのですが，資源（時間，お金，人手など）に限りがあります。なるべく効率的に，少ないコストで大きな効果を生むにはどう進めていけばいいでしょうか。

　このような疑問に答えてくれるのが「パレート図」です。パレート図を用いると，ある結果をもたらすさまざまな原因の中から重要な要因を洗い出すことができます。経済データに対してだけでなく，ビジネス（たとえばマーケティング）をはじめとする多くの分野で利用されています（マーケティングの分野では，重要な要因を探すための分析という意味で，パレート図を用いた分析をABC分析と呼ぶことがあります）。アンケート結果などを分

析する際にも威力を発揮する手法です。

ところで，パレート（V. Pareto）は人の名前で，ミクロ経済学で資源配分について「パレート最適」という概念を提唱したイタリアの経済学者です。彼が所得の分布について気づいたことを元に考えた手法であるため，彼の名前をとって名付けられています。

パレートは19世紀の終わりに，所得分布が不均等であること，社会全体の約2割が高額所得世帯で，彼らの所得や富が社会全体の約8割を占めることに気づきました。この経験則を広げ，「ある現象の大部分（7〜8割）は少数（2〜3割）の要因（理由）により説明される」と表現しました。このパレートの法則をデータに適用し，多数ある理由の中から重要な原因を洗い出すために用いるのがパレート図です。

対策にかかる時間や費用のことを考えると，パレート図により重要項目を洗い出しそこから手を打てば，問題解決のために効果的です。パレート図の例を見てみましょう。

日本におけるインターネット利用は1995年頃から徐々に増え始めましたが，欧米諸国や近隣のアジア諸国（たとえば韓国）と比較してなかなかその数が増えませんでした。今からは想像しにくいですが，2000年代初頭にはどうやったらインターネットをより普及させられるか，方策が検討されていました。

表6-1は，2001（平成13）年に，総務省が行ったアンケート調査（「通信利用動向調査」）で，「なぜインターネットを利用し

理由	件数
違法・有害情報が氾濫している	71
ウィルス感染が心配	85
情報検索の手間	42
接続速度が遅い	11
その他	54
知的財産の保護不安	20
通信料金が高い	192
電子的決済の信頼性不安	53
特に不満がない	203
認証技術信頼不安	13
パソコンが使えない	580
パソコン機器が高価	366
必要な情報がない	131
プライバシーの保護が不安	265
メールの信頼性	11
利用する必要がない	586

表6-1 インターネットを利用しない理由（2001年）

ないのか」について尋ねた結果（複数回答）をまとめたものです。

表をじっくり見れば「パソコンが使えない」「利用する必要がない」といった声が多いことはわかります。しかし，それらの声は他の理由より断然多いのでしょうか，また，それらの声に応える政策をとった場合，問題全体のどれくらいが解決できるのでしょうか。

これらの疑問に答えるのが図6-1のパレート図です。要因が重要な（件数の多い）順に左から並べられ，それぞれの全体に占めるパーセンテージが一目でわかるよう表されています。また累積比率を見れば，1位の要因からその要因までを解決すると問題全体の何パーセントが解決できるかがわかります。

たとえば2001年にインターネットを利用しない理由では，全部で16個の理由があげられていますが，上位2項目（利用する必要がない，パソコンが使えない）で全体の44％を，上位4項

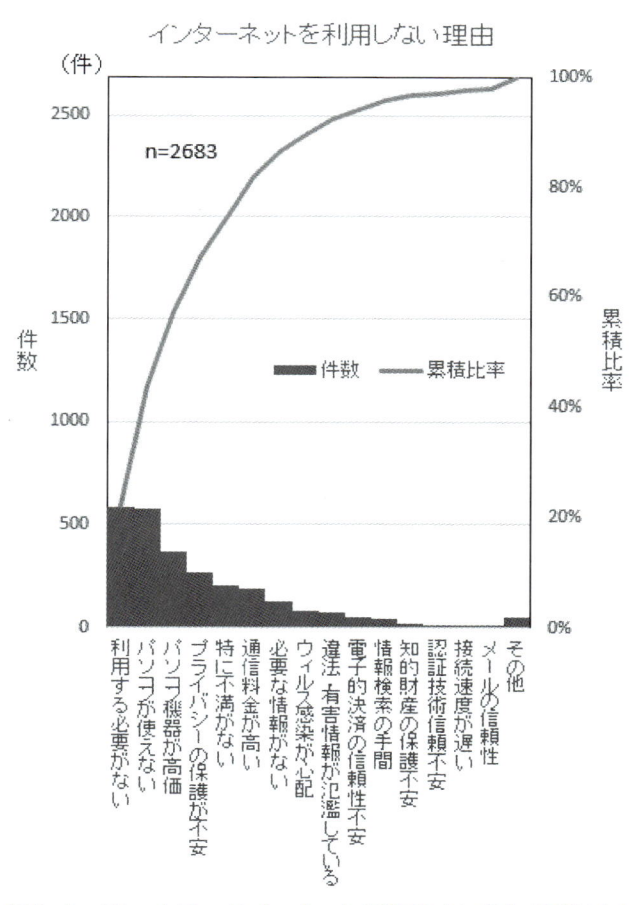

図6-1　パレート図：インターネットを利用しない理由（2001年）

目まで広げれば 7 割弱（67%）を占めていることがわかります。上位項目に対策を打てば，インターネットの利用を拡大することができたはずです。

グラフの形を見ると，パレート図は棒グラフと折れ線グラフの**複合グラフ**で，目盛りのついた縦軸が左右両方にあります。この章では，このような**複合グラフ**の描き方を学んでいきます。

6.2　例題 6　パレート図を描こう

　現在，日本の社会は多くの問題を抱えています。中でも少子化は大きな問題で，その対策は急務です。それではなぜ子どもの数が減っているのでしょうか。この問題解決のために，さまざまな調査（アンケート）が行われています。ここでは，5 年おきに内閣府により行われる「少子化対策に関する特別世論調査」の結果を取り上げ，考えていきます。なお，内閣府の世論調査については（http://www8.cao.go.jp/survey/）で，2009 年の調査結果は（http://www8.cao.go.jp/survey/tokubetu/h20/h20-syousika.pdf）で，2004 年の調査結果は（http://www8.cao.go.jp/survey/tokubetu/h16/h16-syousika.pdf）で見ることができます。

　調査対象は全国 20 歳以上の 3,000 人，2004 年 9 月の調査では 2,108 人が，2009 年 1 月の調査では 1,781 人が回答しています。「出生率について我が国の将来に危機感を感じている」人は 2009 年には 83.0% に上り，2004 年の結果 76.7% からも増えています。それでは「少子化対策で特に期待する政策」はどのようなものでしょうか。複数回答の結果を表 6-2 に示します。なお，政策内容は 2004 年に多かった順に並べ，意味が変わらないように短縮して表示しているものもあります。また，「その他」「特にない」「わからない」を合わせて「その他など」として表示しています。

表 6-2　少子化対策で特に期待する政策

A	B	C	D
1			（単位：%）
2	期待する政策	2004年	2009年
3	仕事と家庭の両立支援	51.1	58.5
4	子育てにおける経済的負担の軽減	50.5	54.6
5	子育てのための安心な環境整備	41.7	51.9
6	家庭の役割についての理解促進	33.3	39.2
7	地域における子育て支援	30.7	46.0
8	妊娠・出産の支援	27.0	54.6
9	若者の自立，こどもの育ちの推進	24.8	32.1
10	子どもの健康の支援	17.0	31.9
11	その他など	8.3	4.1

この表から，2009年の「少子化対策で特に期待する政策」に関するパレート図を描き，考察してみましょう。

【例題6の解法】

ステップ1　パレート図を作成するために，表を修正，情報を拡充します。

【1】　パレート図では，項目を重要な順に並べます。表6-2は政策が2004年に期待が多い順に並んでいますので，これを2009年の順に並べ替えます。

どこでも構いませんので，表の一部をクリックします。［ホーム］タブ［編集］グループの［並べ替えとフィルター］ボタンを押し，［ユーザー設定の並べ替え］を選択します。［並べ替え］ウィンドウが表示されますので，［最優先されるキー］を「2009年」に，［順序］を「降順」（大きい方から小さい方へ並べる）に設定します。

なお，パレート図では「件数や比率の大きさに関わらず，「その他」の項目は最後に置く」というルールがあります。表6-2ではたまたま「その他など」の比率が最小でしたので問題ありませんが，その他の件数が多いときには注意をしてください。

【2】　パレート図では，各項目（ここでは期待する政策）の件数（ここでは回答の比率）に加え，その項目の全体に対する比率，最重要項目からその項目までの比率の合計もグラフを描くのに必要です。前者を構成比率，後者を累積比率と呼ぶことにし，それらの計算を行うためのスペースを表に付け加えます（表6-3）。

表6-3　少子化対策で特に期待する政策（パレート図作成用）

	A	B	C	D	E	F
1						
2			回答の比率（％）		2009年の回答	
3		期待する政策	2004年	2009年	構成比率	累積比率
4		仕事と家庭の両立支援	51.1	58.5		
5		子育てにおける経済的負担の軽減	50.5	54.6		
6		妊娠・出産の支援	27.0	54.6		
7		子育てのための安心な環境整備	41.7	51.9		
8		地域における子育て支援	30.7	46.0		
9		家庭の役割についての理解促進	33.3	39.2		
10		若者の自立，こどもの育ちの推進	24.8	32.1		
11		子どもの健康の支援	17.0	31.9		
12		その他など	8.3	4.1		
13			合計			

【3】 **D13** に，オート SUM ボタン Σ を用いて 2009 年の回答比率の合計を求めます。

2009 年の「仕事と家庭の両立支援」の構成比率（**E4**）を選択し，英数入力モードで，「**+D4**（「仕事と家庭の両立支援」の回答比率）**/D13**（2009 年の回答比率合計）」と数式を入力します。

この数式を利用（コピー）して他の政策の構成比率も求めるためには，常に分母を **D13**（2009 年の回答比率合計）に固定しなくてはなりませんので，絶対番地記号を用いて **D$13** とします。「**+D4/D$13**」と入力された内容を下向きにコピーし，各政策の構成比率を計算します。

	A	B	C	D	E	F
1						
2			回答の比率（％）		2009年の回答	
3		期待する政策	2004年	2009年	構成比率	累積比率
4		仕事と家庭の両立支援	51.1	58.5	0.156879	0.156879
5		子育てにおける経済的負担の軽減	50.5	54.6	0.14642	
6		妊娠・出産の支援	27.0	54.6	0.14642	
7		子育てのための安心な環境整備	41.7	51.9	0.139179	
8		地域における子育て支援	30.7	46.0	0.123357	
9		家庭の役割についての理解促進	33.3	39.2	0.105122	
10		若者の自立、こどもの育ちの推進	24.8	32.1	0.086082	
11		子どもの健康の支援	17.0	31.9	0.085546	
12		その他など	8.3	4.1	0.010995	
13			合計	372.9		

【4】 累積比率を求めます。ある行の累積比率は，最重要政策からその行の政策までの構成比率の合計です。最重要政策では構成比率と累積比率は同じですので，**F4** には **E4** をコピーします。

さて，この後，できるだけ手間を省いて計算を行うにはどうしたらいいでしょうか。

「ある行の累積比率は，前行までの累積比率に，その行に対応する政策の構成比率を足せばよい」と気づくと，計算が楽になります。たとえば 5 行目の「子育てにおける経済的負担の軽減」の累積比率（**F5**）は 1 つ前の政策までの累積比率（**F4**）と自身の構成比率（**E5**）の合計であり，この関係は他の行でも成立しています。固定しなくてはならない箇所はありませんので，絶対番地を用いる必要はありません。「子育てにおける経済的負担の軽減」の累積比率（**F5**）に「**+F4+E5**」という数式を入力し，そのまま下向きにコピーするだけで他の行（政策）の累積比率も求めることができます。

累積比率の意味から，<u>最後の行の累積比率は必ず 1（100％）になるはずです</u>。異なる値が出力されたら，操作，計算式を見直してください。

【5】 構成比率，累積比率を小数第 1 位までのパーセント表示で表します。表 6-4 が完成します。

表6-4 少子化対策で特に期待する政策（パレート図作成用，完成版）

	A	B	C	D	E	F
1			回答の比率（％）		2009年の回答	
2		期待する政策	2004年	2009年	構成比率	累積比率
3		仕事と家庭の両立支援	51.1	58.5	15.7%	15.7%
4		子育てにおける経済的負担の軽減	50.5	54.6	14.6%	30.3%
5		妊娠・出産の支援	27.0	54.6	14.6%	45.0%
6		子育てのための安心な環境整備	41.7	51.9	13.9%	58.9%
7		地域における子育て支援	30.7	46.0	12.3%	71.2%
8		家庭の役割についての理解促進	33.3	39.2	10.5%	81.7%
9		若者の自立、こどもの育ちの推進	24.8	32.1	8.6%	90.3%
10		子どもの健康の支援	17.0	31.9	8.6%	98.9%
11		その他など	8.3	4.1	1.1%	100.0%
12			合計	372.9		

ステップ2 パレート図を作成します。

表6-4で色アミをつけたセルを選択します。[挿入]タブ[グラフ]グループから[組み合わせ]ボタンを押し、「集合縦棒-第2軸の折れ線」（下左図）を選択します。下右図のグラフが表示されます。

Excelのバージョンが異なり一気にこのグラフが描けない場合は、章末の**補足ステップ**を参照し、操作を行ってください。

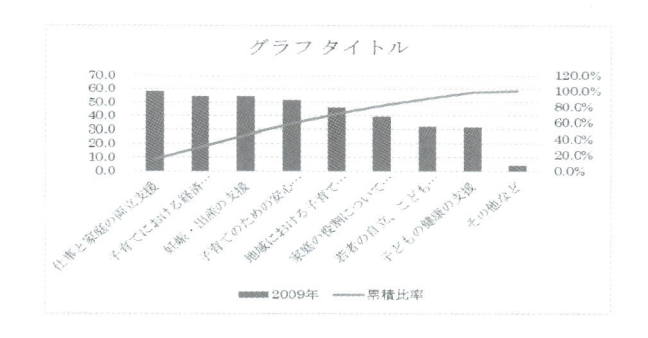

グラフの修正を行い、見やすく、正確なパレート図を作成します。

① グラフタイトルを適切に付け直します。
② グラフの外枠を表示します。

グラフ領域でマウスの右ボタンをクリック。線を引く対象として[グラフ要素]で[プロットエリア]を選択し、[枠線]ボタンを押し、適切な枠線の色を指定します。

③ 縦軸（左側にある主軸）の目盛りを修正します。

パレート図の目的は、各項目が全体の中でどれくらいの比重を占めているかをわかりやすく表示することです。このため、縦軸の最大値は合計数（ここでは372.9）とするルー

ルがあります。縦軸の目盛りの上にマウスのカーソルを置き，右ボタンのクリックで［軸の書式設定］を表示します。［軸のオプション］の［境界値］の［最大値］を「**372.9**」に変更します（もしグラフに戻ったときに最小値が **0** でなくなったら，［軸の書式設定］に戻り，最小値を **0** に修正してください。［自動］の表示が［リセット］表記に変わり，グラフの縦軸最小値は **0** になります）。

最大値（回答比率の合計）は表示されません。そこで，①［挿入］タブ［テキスト］グループの［テキストボックス］［横書きテキストボックス］を選択し，グラフの適切な空きスペースに「**n=372.9**」と入力します。ここで，**n** は回答比率の合計（総数）の意味です。または，②縦軸上部に最大値が **372.9** であることがわかるように表示します。

縦軸の単位は「％」ですので，テキストボックスを用いて表示します。

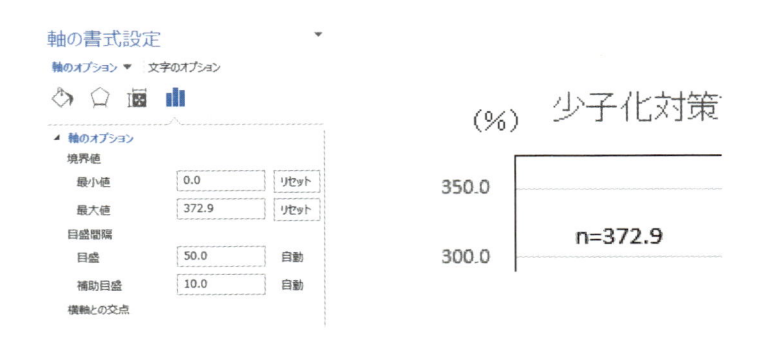

④　第2軸の目盛りを修正します。

Excel はデフォルトで比率の目盛りを 120％まで表示します。第2軸の目盛り上にカーソルを置き，右ボタンで［軸の書式設定］を選択。［軸のオプション］の［境界値］の［最大値］の値を「**1**」に変更します。表示させたい形式に応じて，［目盛間隔］や［表示形式］の［小数点以下の桁数］などを調整してください。

⑤　左右両軸を使いますので，それぞれの軸が何を表すか，ラベルを表示します。

［グラフ］を選択し，［グラフツール］の［デザイン］タブで，［グラフのレイアウト］グループ［グラフ要素を追加］ボタンを選択し，「軸ラベル」「第1縦軸」を選択すると，グラフの縦軸外側に軸ラベルを入力するスペースができます。Excel 2010 以前では，［グラフツール］［レイアウト］タブの［ラベル］グループ［軸ラベル］ボタンを利用します。適切な変数名を入力します。ラベルの入力方向はデフォルトでは「左へ 90 度回転」ですが，これを変更したければ，ラベル上で右ボタンをクリックし［軸ラベルの書式設定］作業ボックスを表示し，［タイトルのオプション］［サイズとプロパティ］［配置］で［文字列の方向］を適宜，変更してください。

右側の軸には，同様の方法で，「第2縦軸」を選択し，適切なラベルを表示します。

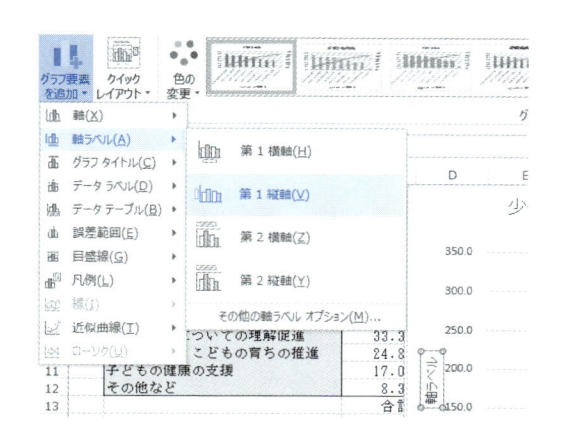

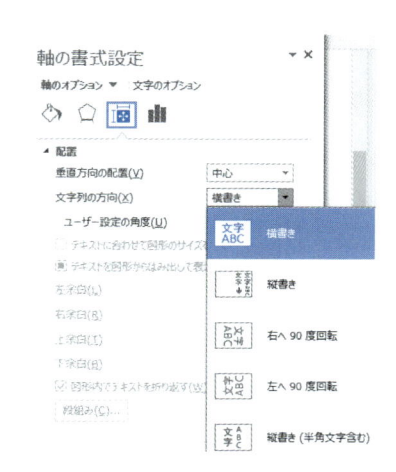

⑥　横軸の表示を修正します。

　横軸の政策名が斜め表示になっている場合，政策名を選択し，右ボタンをクリックして［軸の書式設定］作業ウィンドウを表示し，［軸のオプション］［サイズとプロパティ］［配置］で［文字列の方向］を適宜，修正します。なお，［文字のオプション］［テキストボックス］の［文字列の方向］でも同様の作業を行えます。

⑦　棒グラフの間の空白スペースをなくします。

　パレート図にはもう一つ，全体に占める各項目の比重をわかりやすく表示するためのルールがあります。棒グラフの間の空白スペースをなくし，棒の背の高さ（ある政策の比重）が全体の中でどれだけにあたるかを示します。

　いずれかの棒を選択し右ボタンをクリックすると，［データ系列の書式設定］作業ウィンドウが表示されますので，［系列のオプション］で［要素の間隔］のスライダーを動かし「**0%**」にします。

⑧　凡例を確認します。

　棒グラフで表示されている「回答比率」が「2009 年」と表示されていますので，［グラフツール］の［デザイン］タブで，［データ］グループ［データの選択］ボタンをクリックし，「凡例項目」の「2009 年」を選択，［編集］ボタンを押し，［系列の編集］で「系列名」をたとえば「回答比率」と変更します。

完成したパレート図は，たとえば図6-2のようになります。

少子化対策で期待する政策（2009年）

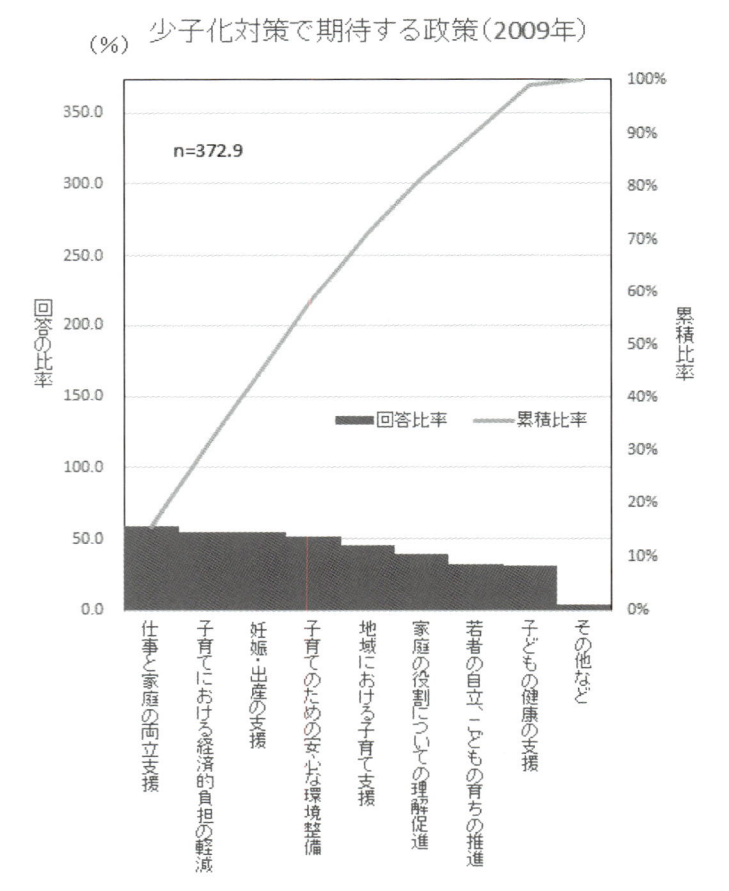

図6-2　パレート図：少子化対策で特に期待する政策（2009年）

パレート図から，2009年の段階で，回答者が少子化対策としてどのような政策を有用と考えているか，読み取ってみましょう。

補足ステップ　Excel のバージョンが異なるときなど，1つの操作では第2軸も用いた棒グラフと折れ線グラフの複合グラフを描くことができない場合があります。そのような場合に，通常の棒グラフ（下左図）から，パレート図を描いていく方法を説明します。

まず，累積比率の値が小さすぎて棒が見えませんので，縦軸の目盛りの上でマウスの右ボタンをクリックし，[軸の書式設定]で目盛りの最大値を小さくします（たとえば「5」）。

累積比率の棒グラフが見えるようになりましたので，マウスで選択し右ボタンをクリック。順はどちらからでも構いませんが，次の2つの作業を行います。①[系列グラフの種類の変更]で[折れ線グラフ]に変更します。②[データ系列の書式設定]の[系列のオプション]で「第2軸」を選択します。

以上の作業を行うと，**ステップ2**冒頭のグラフが得られます（軸の目盛り数値などが異なりますが，後で調整しますので問題ありません）。

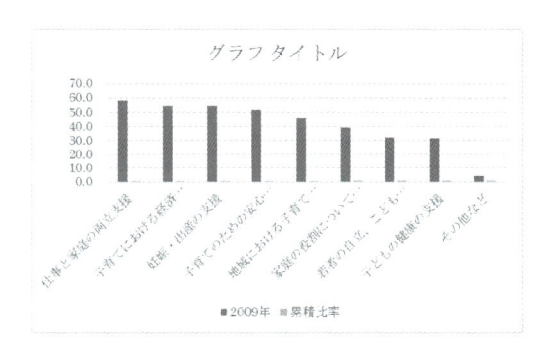

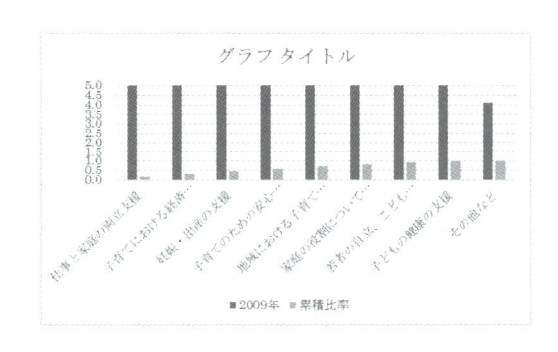

第2部

統計学の知識を使って，情報を整理しよう

第 7 章　　ヒストグラムを描いて，データの分布を把握しよう

第 8 章　　データのばらつきをとらえて，その大きさを評価しよう

第 9 章　　箱ひげ図を描いて，データのばらつきを視覚化しよう

第 10 章　　散布図を描いて，2 つの変数の関係を見よう

第 11 章　　ローレンツ曲線やジニ係数から，不均等度をとらえよう

第7章
ヒストグラムを描いて，データの分布を把握しよう

■この章で学ぶこと
1. クロスセクションデータを度数分布表にまとめてみよう。
2. ヒストグラムを描いて，データの分布をみよう。
3. 平均や中央値から，データの中心の位置を知ろう。

■キーワード
□ 度数分布表
□ ヒストグラム
□ 平均
□ 中央値（メジアン）
□ 最頻値（モード）

7.1 度数分布表やヒストグラムから，クロスセクションデータの特徴をとらえよう

　第4章で，折れ線グラフを用いて，時系列データの推移についてとらえる方法を学びました。第7章では，クロスセクションデータの特徴をとらえる方法を学んでいきます。

　クロスセクションデータは，ある同じ時点で個人や家計，企業や国など異なる主体の行動結果を調べたデータです。これらのデータはばらついています。そのばらつきをとらえれば，データの特徴をつかむことができます。データのばらつきをとらえる方法はいろいろありますが，この本では①データ全体の姿（分布）を見る，②データの中心がどこにあるかを知る，③データのばらつきの大きさを知る，という3つの角度からデータをとらえていきます。第7章では①と②を取り上げます。

　さて，「データはばらつき」ます。時系列データで見られたように，同じ物であっても別の時点で観察すると変化が見られるのは当然ですが，ある1つの事柄を同じ時点で観察しても，その状態にはばらつきがあります。たとえば，「2013年1月1日におけ

る18歳男子の体重」を調べたとき，50kg程度の人もいれば，100kg近い人もいるでしょう。その数値はさまざまな値をとります。

しかし，多くの場合，そのばらつき方にはクセ（パターン）があります。そのパターン（統計用語では分布といいます），つまり「ある事柄に関する値が，どのような値をとるか，ある値をとる度合い（度数）はどれくらいか」がわかれば，データの特徴をとらえるのに有用です。

「18歳男子の体重」を考えたとき，極端に体重が軽い人も重い人もいます。しかしその人数はあまり多くありません。一方，並みの体重（62～63kg程度）の人は多数います。このような分布の状態を示した表を「度数分布表」，グラフを「ヒストグラム（柱状グラフ）」といいます。

表7-1は，18歳の男子100人の体重をまとめた度数分布表，図7-1はそれに対応するヒストグラムです。ヒストグラムは棒状のグラフで，全体の姿をとらえるために，隣り合う棒と棒の間にスペースを空けません（度数分布表やヒストグラムでは，階級値と度数のみが表示されることもあります）。

ヒストグラムを見れば，どの範囲にデータが存在するか，どの辺りのデータの数が多いかなど，データ全体の状態（分布）をつかむことができます。ヒストグラムが描けたら，（ⅰ）一山か，それとも複数の山があるか，（ⅱ）おおむね左右対称か，（ⅲ）特に外れた値はないかなどに注意しながら，データ全体を観察しましょう。

データの特徴をとらえるための数値指標もあります。最もよく利用されるのが「データの中心の位置を示す指標」で，代表的な

表7-1　度数分布表：18歳男子の体重

階級 (kg)	階級値 (kg)	度数（人）	相対度数 （構成比率）	累積度数（人）	相対累積度数 （累積比率）
35.0～39.9	37.5	1	1.0%	1	1.0%
40.0～44.9	42.5	2	2.0%	3	3.0%
45.0～49.9	47.5	7	7.0%	10	10.0%
50.0～54.9	52.5	13	13.0%	23	23.0%
55.0～59.9	57.5	20	20.0%	43	43.0%
60.0～64.9	62.5	16	16.0%	59	59.0%
65.0～69.9	67.5	18	18.0%	77	77.0%
70.0～74.9	72.5	13	13.0%	90	90.0%
75.0～79.9	77.5	9	9.0%	99	99.0%
80.0～84.9	82.5	1	1.0%	100	100.0%
	合計	100			

18歳男子の体重のヒストグラム

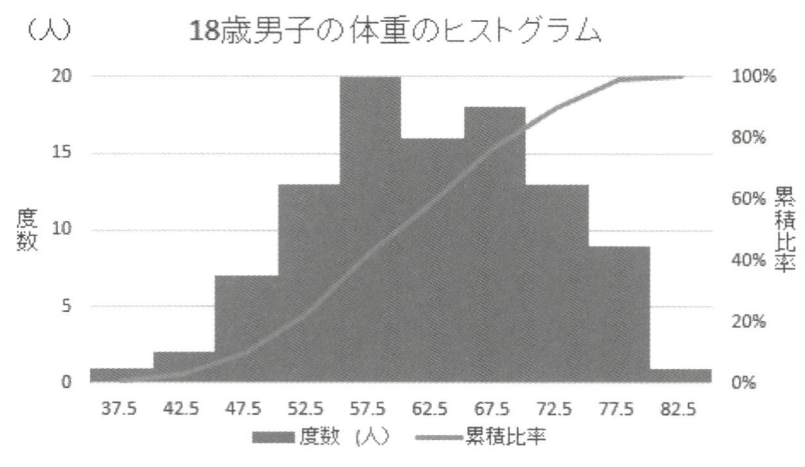

図 7-1　ヒストグラム：18歳男子の体重

指標に平均（正確には算術平均，Excel の関数名：**AVERAGE**）があります。

平均以外にも，データを大きさ順に並べた時中央に位置する値，中央値（メジアン，Excel の関数名：**MEDIAN**）や，最も度数の大きい値，最頻値（モード，Excel の関数名：**MODE**）といった中心の位置を示す指標があります。

平均は分布の状態が偏っている場合や二山の場合には，逆に言えば，分布が左右対称の一山でない場合には，あまり的確に「中心」を示していません。このことは，経済データの分布が歪んだ形をしていることが多いため，よく覚えておく必要があります。詳しくは，7.3 を参照してください。

7.2　例題 7　ヒストグラムを描き，平均を求めよう

表 7-2 は，60 人の新生児の体重データです。このデータを用いて，
(1) 適切な度数分布表を作成してください。
(2) ヒストグラムを描き，体重データの分布の特徴をとらえてください。
(3) 平均，中央値を求めてください。
(4) A 子さんの赤ちゃんの体重は 2,800g でした。A 子さんは赤ちゃんが小さすぎるのではないかと心配しています。ヒストグラムや平均，中央値の結果から考えて，その判断は正しいと言えるでしょうか。

表7-2 データ：60人の新生児の体重（単位：g）

	A	B	C	D	E	F	G
1							
2		3470	3760	4050	2840	2420	4150
3		3020	2840	2780	3260	2600	3010
4		3320	2920	2990	3380	3350	3200
5		4120	2790	3100	2950	3800	3300
6		2800	2720	3280	2960	2710	3430
7		3100	3220	3620	3270	2020	3360
8		2550	4480	3850	2520	3060	3200
9		3320	2990	2490	3320	3640	2010
10		4100	2530	3600	3040	3610	3380
11		2780	3050	3530	2580	2640	4750

【例題7の解法】

ステップ1　度数分布表を作成します。

【1】　まず，階級数を決めます。

　粗く階級設定を行うと，棒の数が少なくなりすぎデータの特徴をうまくとらえられません。逆に細かすぎると，単なる揺らぎもデータの変動に見えてしまい，本当の特徴を見出すことができません。

　階級数については$\sqrt{データ数}$に近い整数とするとよいことがわかっています。ここではデータ数が60ですから，階級数は7か8にすればよいでしょう。

【2】　次に，階級を決めます。手順は，

① データの最小値と最大値を探します。

② その差を階級数で割り，その前後で切りのいい数字を階級幅とします。

③ はじめの階級は，最小値からデータの単位の2分の1を差し引いた値から始め，順に階級幅を足して，階級を作っていきます。最大値が含まれる階級まで作成できたら，完了です。

　新生児体重データで実習してみましょう。

① Excelで適当なセルを選択し，[関数の挿入]ボタン f_x を押します。

　[関数の挿入]ダイアログボックスで，デフォルトの[関数の分類]は[最近使った関数]です。[関数名]に「最小値（**MIN**）」が表示されていたら選択します。表示されていない場合は[関数の分類]を変更し，アルファベット順に並んでいる関数名から「最小値（**MIN**）」を探します。

　[OK]を押すと[関数の引数]ダイアログボックスが表示されますので，「数値1」欄に，マウスでワークシートのデータの範囲を選択し，対象となるデータを指定します。

　[OK]を押すと，はじめに選んだセルに，60人の新生児の最小体重値 **2010**（g）が表示されます。

　同様の手順で，最大値（関数名は**MAX**）を求めると，**4750**（g）とわかります。

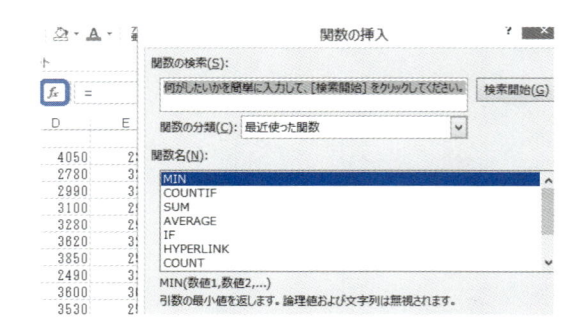

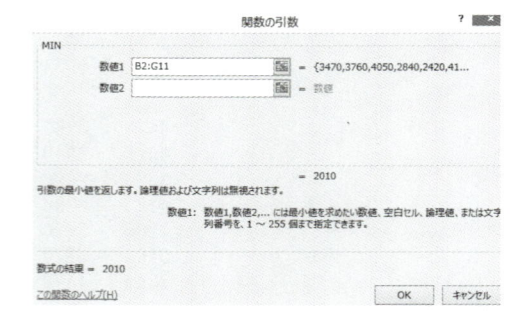

② 最大値と最小値の差（統計学ではこの値を「範囲」と呼びます）は 2,740g です。階級幅は，階級数を 7 とすると 391.4，階級数を 8 とすると 342.5 となりますが，切りのいい数字として 350g とすることにします。

③ はじめの階級は 2009.5 から始めればよいのですが，階級幅を少し大きめにとったので，切りのいい 1999.5（整数値では 2,000g）から始めることにします。**B14** に **1999.5** と手動で入力し，右隣りの **C14** と 1 つ下の **B15** には「**+B14+350**」をいう数式を入力します。**C14**，**B15** の内容をそれぞれ下向きにコピーすると，各階級のはじめと終わりの値が入力されます。

1 つめの階級値（**D14**）に階級のはじめと終わりの値の平均，「**+(B14+C14)/2**」という数式を入力し，下向きにコピーすると，各階級の階級値が求まります。

階級と階級値を入力した度数分布表は表 7-3 のようになります（ここには表示されていませんが，表 7-2 にあるように，第 2 行から第 11 行に体重データが入力されています）。

【3】 度数（各階級に含まれるデータの数）を求めます。ここでは，ある範囲にあるデータのうち条件に合うものがいくつあるか数える，**COUNTIF** 関数を用います。

1 つめの階級の度数のセル（**E14**）を選び，［関数の挿入］ボタンをクリックし，［関数の挿入］ダイアログボックスを操作して，**COUNTIF** 関数の［関数の引数］ダイアログボックスを表示します。

表 7-3　度数分布表：新生児の体重（階級と階級値）

	A	B	C	D	E	F	G	H
12								
13		階	級	階級値	度数	相対度数	累積度数	累積比率
14		1999.5	2349.5	2175				
15		2349.5	2699.5	2525				
16		2699.5	3049.5	2875				
17		3049.5	3399.5	3225				
18		3399.5	3749.5	3575				
19		3749.5	4099.5	3925				
20		4099.5	4449.5	4275				
21		4449.5	4799.5	4625				
22				合計				

[関数の引数ダイアログ: COUNTIF, 範囲 B2:G11, 検索条件 <2350]

「範囲」に新生児の体重データの範囲（**B2:G11**）を指定し，[検索条件]に「**<2350**」（2,350 未満）と入力します。2,010g と 2,020g の赤ちゃんがいますので，2 という数値が入力されます。

以下，同様の手法で度数を求めていきます。なお，2 つめの階級（2,349.5 から 2,699.5 まで）には 2,350g 以上 2,700g 未満の赤ちゃんが含まれますので，条件式は，

```
=COUNTIF(B2:G11,">=2350")-COUNTIF(B2:G11,">=2700")
```

を用います。3 つめから 7 つめまでの階級は，データの範囲は同じで，階級のはじめと終わりの値を変えて計算を行います（コピー機能をうまく利用し，なるべく入力の手間を省きましょう）。

8 つめの，最後の階級の条件式は **=COUNTIF(B2:G11,">=4450")** となります。

計算し終わったら，**オート SUM** で合計（**E22**）を求めます。**60**（人）になることを確認してください。

【4】 相対度数（各度数が合計の何パーセントにあたるか）を求めます。1 つめの階級の相対度数（**F14**）に「**+E14/E$22**」という数式を入力し，下方向にコピーします。すべての階級で分母は同じですので，絶対番地を用います。表示は，小数第 1 位までのパーセント表示にします。

【5】 累積度数（その階級までの度数の合計）を求めます。1 つめの累積度数は度数と同じ値になります（**G14** に「**+E14**」を入力）。2 つめの階級の累積度数（**G15**）に，1 つ前の累積度数と自身の度数の合計，「**+G14+E15**」を入力します。このセルを下向きにコピーします。

【6】 累積度数の値を度数合計（**E22**）で割り，累積比率を求めます。絶対番地を用いて効率よく計算しましょう。小数第 1 位までのパーセント表示にします。

以上の操作を終えると，度数分布表が完成します（表 7-4）。

ステップ2 ヒストグラムを作成します。

【1】 表 7-4 で色アミ表示したセルを選択します。[挿入] タブ [グラフ] グループから [組み合わせ] ボタンを押し，「集合縦棒-第 2 軸の折れ線」を選択します（Excel のバージョンが異なりこの操作ができない場合は，第 6 章末の**補足ステップ**を参照してください）。

表7-4 完成した度数分布表：60人の新生児の体重

階級			階級値 (単位:g)	度数 (単位:人)	相対度数	累積度数	累積比率
1999.5	～	2349.5	2175	2	3.3%	2	3.3%
2349.5	～	2699.5	2525	8	13.3%	10	16.7%
2699.5	～	3049.5	2875	16	26.7%	26	43.3%
3049.5	～	3399.5	3225	18	30.0%	44	73.3%
3399.5	～	3749.5	3575	7	11.7%	51	85.0%
3749.5	～	4099.5	3925	4	6.7%	55	91.7%
4099.5	～	4449.5	4275	3	5.0%	58	96.7%
4449.5	～	4799.5	4625	2	3.3%	60	100.0%
		合計		60			

現れたグラフ（下左図）は不自然な感じがします。それは，階級値が変数としてグラフに表示されてしまっているからです。［グラフツール］［デザイン］タブ［データ］グループの［データの選択］を選択し，現れたダイアログボックス（下右図）で，［凡例項目］から「階級値」を選択し，［削除］をクリックします。

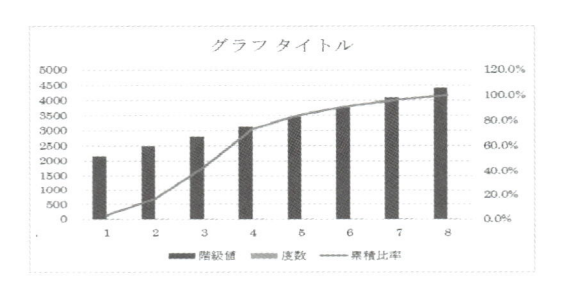

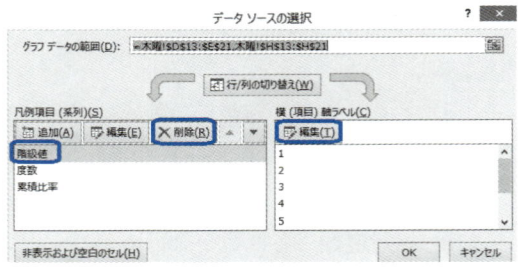

次に［横（項目）軸ラベル］の［編集］をクリックすると，［軸ラベル］ボックスが現れます（下左図）。マウスで階級値のセル（**C14**から**C21**）を選択・入力し［OK］を押すと，下右図のグラフが表示されます。

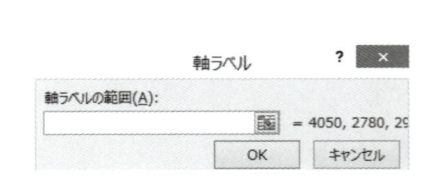

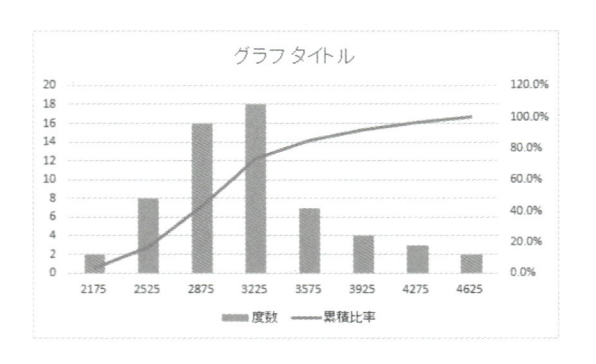

【2】 グラフの修正を行います。

① グラフタイトルを適切に付け直します。

② 必要な場合は，グラフの外枠を表示します。

　外枠にあたる辺りにマウスを置き，右ボタンをクリック。[グラフ要素]で「プロットエリア」を選択し，[枠線]ボタンを押し，適切な枠線の色を指定します。

③ 第1縦軸（左側にある主軸）の目盛りに問題がないか確認し，テキストボックス（[挿入]タブ[テキストグループ]の[テキストボックス][横書きテキストボックス]）を用いて単位を入力します。また，第1横軸にも単位を表示します。

④ 第2軸の目盛りを，最大値が1（100％）となるように修正します。

　第2軸の目盛り上で右ボタンをクリック。[軸の書式設定]を選択し，作業ウィンドウの[軸のオプション]の「境界値」の「最大値」の値を「**1**」に変更します。その他，表示させたい形式に応じて適宜修正します。

⑤ 左右両軸を使いますので，それぞれの軸が何を表すか，ラベルを表示します。

　（ⅰ） グラフを選択し，[グラフツール]の[デザイン]タブ[グラフのレイアウト]グループ[グラフ要素を追加]ボタンを選択し，「軸ラベル」「第1縦軸」を選択。軸ラベルのスペースが表示されますので，適切な名称を入力します（同じ操作を繰り返し「第2縦軸」「第1横軸」にもラベルを挿入します）。

　または，

　（ⅱ） グラフを選択したときに現れる右上の ✚ 印をクリックし，[グラフ要素]を表示します。[軸ラベル]にチェックを入れると，軸ラベルのスペースが表示されますので，適切な名称を入力します。

　縦軸ラベルの入力方向はデフォルトでは「左へ90度回転」ですが，これを変更したければ，ラベル上で右ボタンをクリックし，[軸ラベルの書式設定][軸のオプション][サイズとプロパティ]（または[文字のオプション][テキストボックス]）で「文字列の方向」を適宜，変更してください。

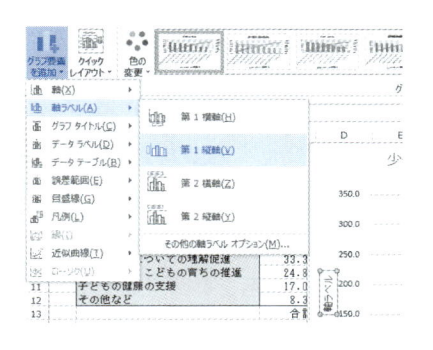

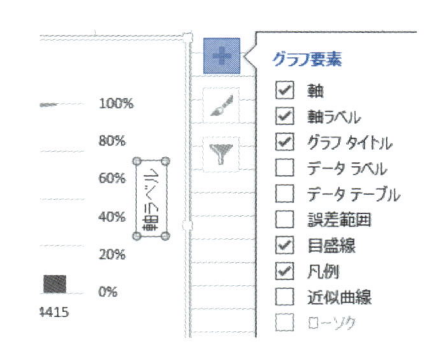

⑥ ヒストグラムは，パレート図と同様，棒グラフの間に空白スペースを入れません。

いずれかの棒を選択し右ボタンをクリックし，［データ系列の書式設定］作業ボックスで［要素の間隔］のスライダーを動かし「**0%**」にします。

⑦ その他，適宜修正を行います。

ここでは，凡例を単に「度数」とするのでなく「新生児の人数」としてみました（［グラフツール］の［デザイン］タブで，［データ］グループ［データの選択］ボタンをクリックし，［凡例項目］の「度数」を選択，［編集］ボタンを押し，［系列の編集］で［系列名］をたとえば「新生児の人数」に変更）。

完成したヒストグラムは，たとえば図7-2のようになります。

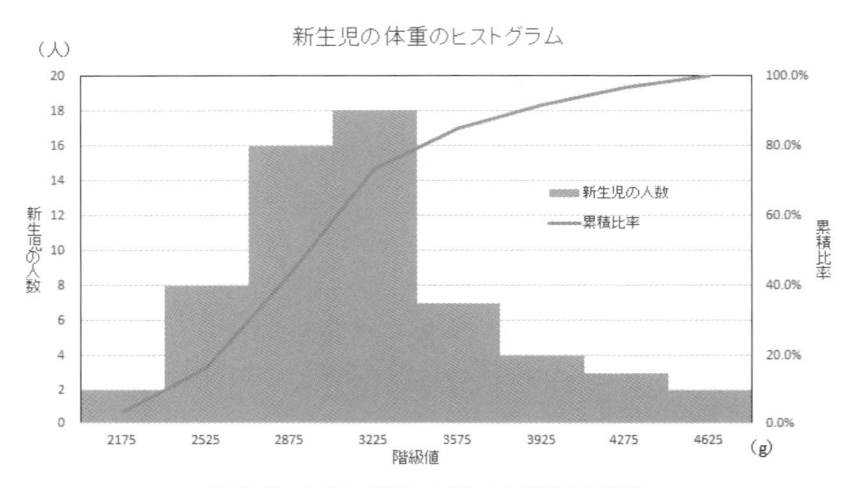

図7-2　ヒストグラム：60人の新生児の体重

完成したヒストグラムを見ると，形は一山で，階級値3,225gの階級の度数（人数）が最大です。少し右裾が長いですが，特にいびつな形ではなく，おおむね左右対称と言ってよさそうです。また，特に外れた値は見られないことがわかります。

ステップ3　平均や中央値を求めます。

適当なセルを選択し，［関数の挿入］ボタンを押し，［関数の挿入］ダイアログボックスで操作して，平均（関数名：**AVERAGE**），中央値（関数名：**MEDIAN**）それぞれの関数名を選択します。いずれも，［関数の引数］ボックスで［数値1］にデータの範囲（ここでは**B2:G11**）を指定します。平均値は3182.167，中央値は3150と返されます。

中央値は大きさの順に並べて真ん中に位置する値ですが，対象が偶数の場合は中央の2つの値の平均を計算します（60人の新生児が対象の場合，重さが30番目と31番目の新生児の体重の平均値です）。

平均値や中央値を表示する場合は，桁数に注意しましょう。

体重の数値は整数値（単位：g）で与えられています。平均値はJIS規格で「データ数が少ない（20以下の）ときは元のデータの1桁下まで」「データ数が多い（20を超える）

ときは元のデータの2桁下まで」求めると決められています。データ数が60ですので，平均値は3182.17g，中央値は3150.0gとなります。

> [注意] 第1章でも学びましたが，小数点以下の0には意味があります。たとえば，四捨五入の結果が「15g」と「15.0g」では，前者は14.5g以上15.5g未満，後者は14.95g以上15.05未満を意味し，値が存在する可能性の幅は1gと0.1gとなり，後者の方が精度が高いことがわかります。
>
> 数値は情報を持っています。無用に細かい桁まで信用しても意味がありませんが，せっかくの情報を無駄にしないため，適切なレベルまで活用するために，計算結果や数値を表示するときの桁には注意を払ってください。

ステップ4 A子さんの2,800gの赤ちゃんは小さすぎるでしょうか。

2,800gの赤ちゃんは，60人の赤ちゃんの平均体重（3,182.17g）よりは軽いです。また，中央値は3,150.0gですので，重さの順に並べたとき，真ん中よりは軽い方です。

しかし，ヒストグラムを見ると，2,800gは一番度数の多いグループ（階級値3,225g）の左隣，一つ体重の軽いグループ（階級値2,875g）に属しており，もっと体重の軽い赤ちゃんもいますので，「小さすぎる」と心配するほどではないように思えます。

より厳密に判断するためには，7.1で説明したデータのばらつきをとらえる方法のうち③データのばらつきの大きさを知るツールを使う必要があります。これについては，第8章で詳しく学んでいきます。

7.3 歪んだ分布における「中心」の位置

自然現象のデータや，人間に関わるデータでもこの章で取り上げた体重データなどの場合，多少の歪みはあってもおおむね左右対称の分布をしています。

しかし，多くの経済データの分布はそうはいきません。変数によってはマイナスの値をとらないこと，格差の問題などから，データに大きな歪みがある場合がみられます。

たとえば，次のグラフは日本銀行のもとにある金融広報中央委員会が2012年夏に行った「家計の金融行動に関する世論調査」で，回答した3,648世帯の二人以上世帯の金融資産保有額（いわゆる貯金，貯蓄）の分布を示したものです。大変偏った，極端に右裾の長い分布であることがわかります。

平均値は1,108万円ですが，この値は極端に大きな値（たとえば，1億円を超える資産を持つ世帯が25世帯あります）に引きずられ，一般の人の「並みの貯蓄額」より（かなり）大きい値となっています。データの中心を示しているとは言いにくいでしょう（このことに気をつけないと，たとえば新しい補助金制度を導入する場合に，並みの貯蓄額を平

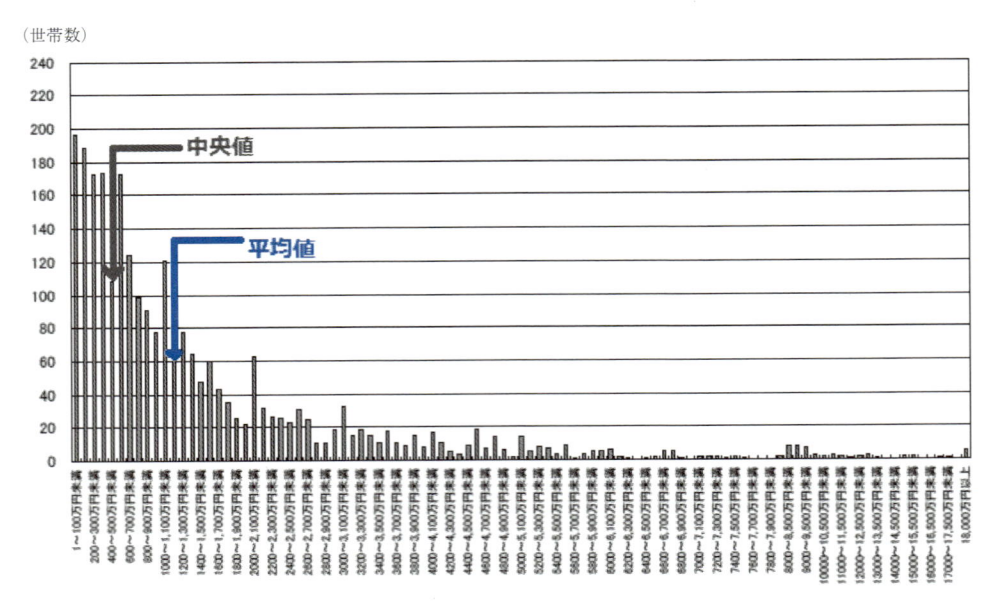

第7章 ヒストグラムを描いて，データの分布を把握しよう

(世帯数)

[グラフ：中央値と平均値が示されたヒストグラム]

金融広報中央委員会「家計の金融行動に関する世論調査」[二人以上世帯調査]（2012年）
http://www.shiruporuto.jp/finance/chosa/yoron2012fut/pdf/yoronf12.pdf より。

均値1,108万円に基づいて政策の内容を決めていくと，一般の人の感覚とはかけ離れた制度になってしまうといったミスを犯しかねません）。

　このような歪んだ分布では，平均の代わりまたは補足として中央値（今回の場合450万円）をデータの中心を表す指標として用います。また，最頻値も重要な情報を与えてくれます。この調査では近年ずっと貯蓄なしが最頻値となっています（この年の場合，3,648世帯中1,021世帯（28.0％）が貯蓄なしと回答）。

　ここからわかるように，平均値は大変便利な指標ですが，ヒストグラムなどを確認し背後にある分布の形状を確かめてから用いなくてはなりません。また，分布が歪んでいる場合には「平均＝中心」ということは言えませんので，中央値などで補足するようにしましょう。

第8章
データのばらつきをとらえて、その大きさを評価しよう

■この章で学ぶこと
1. データのばらつきの大きさを表す数値指標について知ろう。
2. 水準が大きく異なる時系列データを、2軸の折れ線グラフに表してみよう。
3. 変動係数はどのような場合に有効か、その特徴を理解しよう。

■キーワード
□ 範囲
□ 変動係数
□ 標準偏差
□ 2軸の折れ線グラフ

8.1 データのばらつきをさまざまな角度からとらえよう

　データの特徴をとらえるためには、「データはばらつく」ことから、3つの角度——①データ全体の姿（分布）を見る、②データの中心がどこにあるか知る、③データのばらつきの大きさを知る、から観察することが重要です。第7章では、はじめの2つのポイントについて、①ヒストグラムを用いてその分布（ある事柄に関する値が、どのような値をとり、その値をとる数（度数）がどれくらいあるか）を見たり、②平均や中央値を用いて分布の中心がどこにあるかを見たりしました。

　第8章では、データの特徴をとらえるため③データのばらつきの大きさを知る方法について学んでいきます。ばらつきの大きさを示す指標に分散（ここでは不偏分散を用います。Excelの関数名：VAR.S、Excel 2007以前ではVAR）や標準偏差（Excelの関数名：STDEV.S、Excel 2007以前ではSTDEV）、範囲（最大値−最小値）などがあります。

不偏分散は，偏差の2乗和を（データ数−1）で除した値で，単位は元のデータの2乗となります。偏差は各データとデータ全体の平均の差で，各データがデータの中心から見てどれくらい離れているかを示します。データの中心より大きなデータも小さなデータもありますので，偏差はプラスの値もマイナスの値もとり得ます。そのため2乗してすべての値をプラスにしてから足し合わせ，データ数に応じて均し，全体のばらつきの大きさを表す指標とします（データ数ではなく，データ数−1で割るのは，自由度（本当に情報を持っているデータの個数）という考え方です。詳しくは統計学の分野で学びます）。

分散はわかりやすい指標ですが，単位が元のデータと異なる点は不便です。そこで，分散の正の平方根をとった標準偏差が用いられます。標準偏差は，平均や中央値と同様，その単位は元のデータと同じです。分散や標準偏差は0以上の値をとり，ばらつきが大きくなるほど大きな値をとります。

第7章の例題7を思い出してみましょう。60人の新生児の体重データの分布を表したヒストグラムは図8−1（図7−2の再掲），平均は3,182.17gでした。ばらつきの大きさについても計算すると，最小値は2,010g，最大値は4,750gでしたので，範囲は2,740gとなります。また関数 **STDEV.S** を用いて計算すると，547gと求まります（標準偏差の有効数字は最大3桁までとります）。

例題7で「2,800gの赤ちゃんの体重は軽すぎるか」について考えました。言い換えるならば，2,800gの赤ちゃんは平均より約380g軽いのですが，これが「380gも軽い」から心配した方が

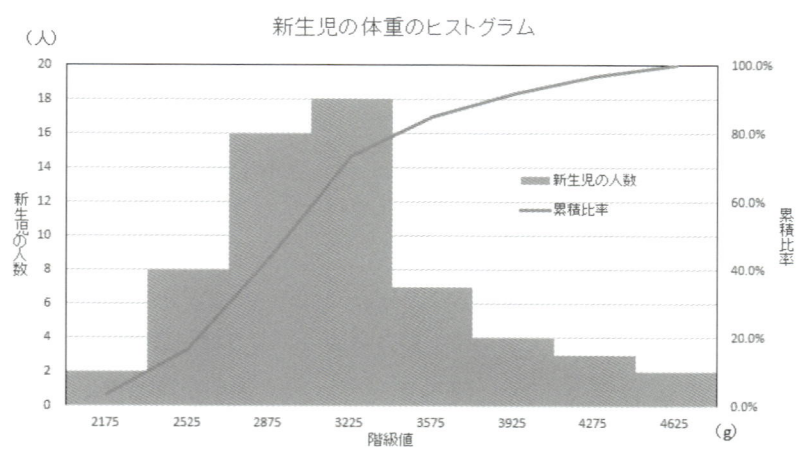

図8−1　ヒストグラム：60人の新生児の体重（例題7データ）

よいのか，それとも「380gしか違わない」ので別に心配する必要はないのかという問題です。

おおむね左右対称の形をした歪みのないヒストグラムの場合，ほとんどのデータは，平均から標準偏差の3倍離れた点の間にあります（厳密に言うと，データが正規分布に従うなら，その99.7％が，（平均－3×標準偏差）から（平均＋3×標準偏差）の間に存在します。標準偏差分ずつ離れた幅に68.3％，標準偏差の2倍分ずつ離れた幅に95.4％のデータがあります）。

比較したい差（380g）が，このデータの標準偏差の何倍分にあたるかを調べれば，A子さんの赤ちゃんがデータの中心から見てどの程度に位置しているか判断できます。例題7では標準偏差は547gで，1標準偏差分も離れていませんので，A子さんの赤ちゃんは軽すぎない，データの中心と「380gしか違わない」と判断することができます。

このように，分布が標準型（一山・左右対称・外れ値がない）である場合は，データのばらつきの大きさを示す標準偏差を上手く用いると，あるデータがデータ全体の分布の中でどのような位置にあるか（真ん中辺りか，かなり大きいのか，少し小さいのか，など）明らかにすることができます。

次に，2つのデータのばらつきの大きさを，比較する方法を考えてみましょう。

もし2組のデータの水準があまり変わらないならば，それぞれの標準偏差を求め，その大きさを比較すればよいでしょう。

しかし，水準が異なるときにはどうしたらいいでしょうか。たとえばそれぞれ100頭のハツカネズミとアフリカゾウの体重データが手に入り，それぞれの標準偏差が10gと100kgだったとします。アフリカゾウの標準偏差はハツカネズミの10,000倍ですが，平均体重40gのハツカネズミの体重が10g増えたら大きな変化ですが，アフリカゾウの体重（平均5t）が100kg変わってもさほど大きな変化ではありません。つまり，データの水準が大きく異なるときに単に標準偏差を比較して変動の大きさを考えるのは適切ではありません。

そこで，標準偏差を平均で割り，それぞれの標準偏差がそのデータの水準にとってどのくらいの重みを持つかを示す数値を考えてみます。この値は変動係数と呼ばれ，無名数（単位のない数値）です。変動係数を比較すれば，大きく異なる水準のデータに

表8-1 原油価格と金価格の推移

	WTI原油価格	ロンドン金価格
2012年1月	100.15	1656.11
2012年2月	102.26	1742.86
2012年3月	106.15	1674.41
2012年4月	103.28	1649.30
2012年5月	94.51	1580.00
2012年6月	82.36	1596.16
2012年7月	87.89	1539.35
2012年8月	94.11	1625.86
2012年9月	94.61	1743.19
2012年10月	89.52	1746.68
2012年11月	86.69	1722.38
2012年12月	88.19	1688.58
2013年1月	94.65	1671.42
2013年2月	95.30	1635.42
2013年3月	93.12	1592.31

ついても，データのばらつきの大小を比較することができます。

　第7章ではクロスセクションデータのばらつきをヒストグラムでとらえましたが，時系列データの場合はどうすればよいでしょうか。折れ線グラフを用いてデータの揺れ幅の大きさをとらえていきますが，複数のデータを同時に比較する場合で水準が大きく異なるデータが混在するときには，主軸（第1縦軸）だけでなく第2軸も利用すると見やすいグラフが得られます。

　表8-1は2012年以降15カ月間の1bbl（バレル：約159ℓ）あたりのWTI原油価格，1toz（トロイオンス：約31.1g）あたりのロンドン金価格の動きを示したものです（いずれも米ドル表示）。動いている水準が大きく異なるため，図8-2のように主軸（第1縦軸）だけを用いたグラフではどちらの変動もよくわかりません。図8-3のように第2軸も利用すると，それぞれの変動の特徴がわかる，見やすいグラフが得られます。

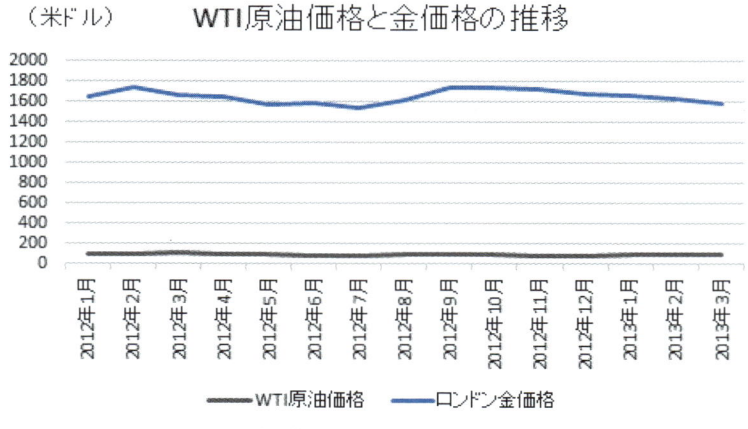

図 8-2　原油価格と金価格（主軸のみ用いた場合）

図 8-3　原油価格と金価格（第 2 軸も用いた場合）

8.2　例題 8　標準偏差や変動係数を求めよう

表 8-2 は，総務省統計局の web ページに掲載されている「日本の長期統計系列」第 18 章「貿易・国ドイツ・マルク，フランス・フランの外国為替の動き」を抜粋したものです（年末の値。表の数値はそれぞれの通貨 1 単位，たとえば 1 米ドルが何円にあたるかを示しています）。

第8章 データのばらつきをとらえて，その大きさを評価しよう

表8-2 外国為替相場の推移

	A	B	C	D	E
1					
2			米ドル	ドイツ・マルク	フランス・フラン
3		1970	360.00	98.36	64.82
4		1971	308.00	95.58	60.21
5		1972	308.00	95.58	60.21
6		1973	308.00	103.57	59.60
7		1974	308.00	124.80	67.74
8		1975	308.00	116.52	68.32
9		1976	308.00	124.12	59.06
10		1977	308.00	114.42	51.06
11		1978	234.00	107.03	46.72
12		1979	206.00	138.88	59.68
13		1980	242.00	102.84	44.81
14		1981	210.00	97.97	38.61
15		1982	233.00	98.88	34.87
16		1983	237.00	85.13	27.88
17		1984	231.00	79.59	26.01
18		1985	254.00	82.14	26.87
19		1986	185.00	83.32	25.14
20		1987	151.00	78.32	23.10
21		1988	127.00	71.14	20.77
22		1989	130.00	84.78	24.82
23		1990	150.00	90.13	26.50
24		1991	135.00	82.50	24.15
25		1992	130.00	76.98	22.57
26		1993	118.00	64.35	18.90
27		1994	107.00	64.37	18.69
28		1995	93.00	71.58	20.96
29		1996	106.00	75.25	22.33
30		1997	120.00	72.24	21.57
31		1998	130.00	69.45	20.68

[注意] 総務省統計局のwebページ（http://www.stat.go.jp/data/chouki/18.htm）を見ると，資料として，日本銀行調査統計局の「日本銀行統計」「金融経済統計月報」，日本銀行国際局「基準外国為替相場および裁定外国為替相場」があげられています。これは，これらの統計を総務省統計局自身が計測したのでなく，日銀が発表した統計をもとに（まとめの統計を）作成したことを意味しています。このような統計資料を用いる場合は，作成者やその資料名だけでなく，元になった資料の作成者や名称も引用するようにします。

(1) 3つの外国為替の推移を示す折れ線グラフを，主軸（第1縦軸）だけ用いて描いてください。

(2) 3つの外国為替の推移を示す折れ線グラフを，主軸に加え第2縦軸も用いて描いてください。
　　（1）と（2）の2つのグラフを見比べ，どの通貨のばらつきが大きいか考えてみてください。

(3) 3つの外国為替の平均，標準偏差，変動係数を求めてください。単位にも注意すること。

(4) （3）の結果から，どの通貨のばらつきが大きいと判断されますか。（2）で行った予想と一致したでしょうか。

【例題8の解法】

ステップ1 折れ線グラフを作成します。

`B2:E31` を指定し，折れ線グラフを作成します。タイトルや単位などをアレンジすると，図8-4が得られます。

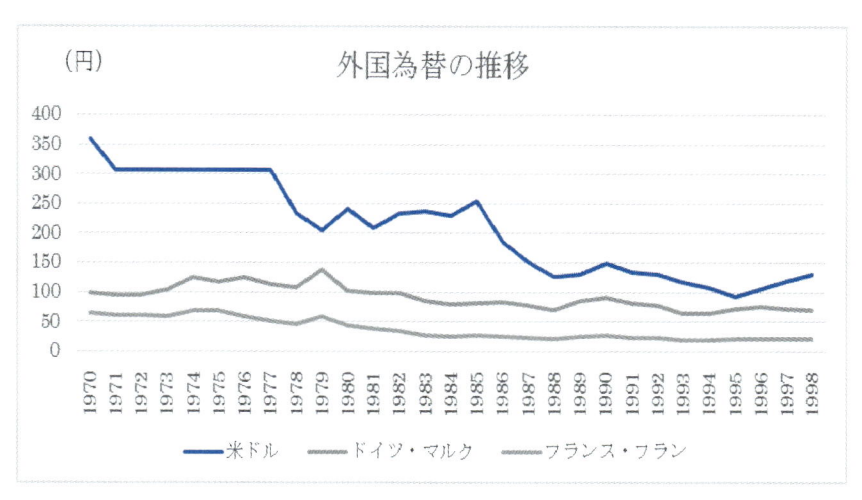

図8-4 主軸を用いた折れ線グラフ：外国為替の推移

ステップ2 水準が異なる外国為替は第2軸を用いるように，折れ線グラフをアレンジします。

3つの為替レートを比較すると，米ドルと，ドイツ・マルクやフランス・フランでは推移の水準が大きく異なります。マルクとフランについては第2軸を利用することにします。図8-4の状態のグラフで，

① マルク，フランの折れ線を選択し，右ボタンをクリック，［データ系列の書式設定］で［系列のオプション］［使用する軸］で［第2軸］を選びます。

② 左右の縦軸（第1縦軸，第2縦軸）に［挿入］タブ［テキスト］グループ［テキストボックス］［横書きテキストボックス］で領域を確保して単位を表示します。

③ ［グラフツール］［デザイン］タブ［グラフのレイアウト］グループの［グラフ要素の追加］［軸ラベル］で第1縦軸，第2縦軸を順に選択し（または，［グラフの要素］＋で［軸ラベル］を選択し）入力スペースを確保し，それぞれの軸にラベル名を記入します。

図8-5が得られます。

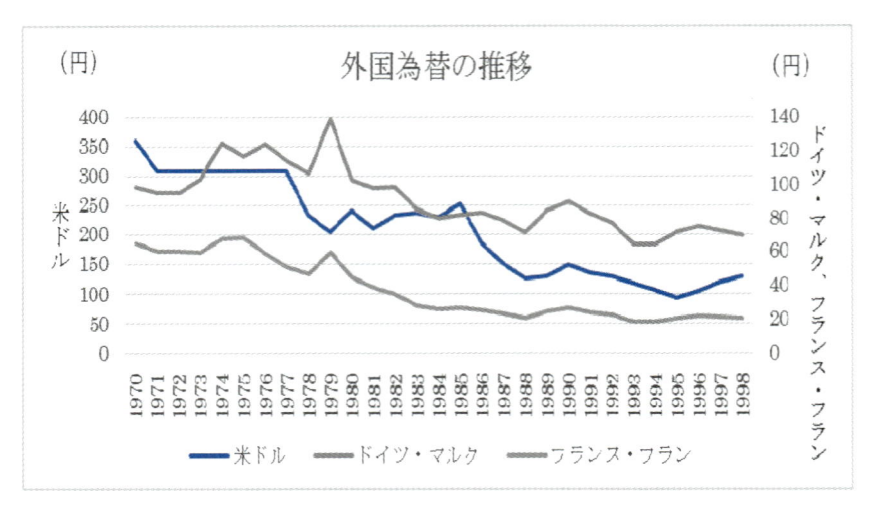

図 8-5　第 2 軸も用いた折れ線グラフ：外国為替の推移

　図 8-4 では米ドルの水準が高かったため，ドイツ・マルクやフランス・フランの動きははっきりとしませんでした。図 8-5 では，第 2 軸を利用することにより，3 つの為替レートいずれの動きもよくわかるようになりました。

　グラフからどの通貨の為替レートの変動が大きかったか，考えてみてください。どちらのグラフを見ても米ドルの変動が大きく見えるのではないでしょうか。ドイツ・マルクとフランス・フランの変動は図 8-4 ではほとんど変わりなく見えますが，図 8-5 では若干，ドイツ・マルクの変動が大きく見えるでしょうか（答えのある問いではありませんので，見たままの感想を自由に考えてみましょう）。

　なお 3 つの為替レートの変動幅（範囲＝最大値と最小値の差）は，米ドル：267.00 円，ドイツ・マルク：74.53 円，フランス・フラン：49.63 円となっています。

ステップ 3　各通貨の為替レートの平均，標準偏差，変動係数を求めます。

　平均については，適当なセルを選択し，[関数の挿入] ボタンを押し，[関数の挿入] で **AVERAGE** を選択します。[関数の引数] ダイアログボックス [数値 1] にデータの範囲を

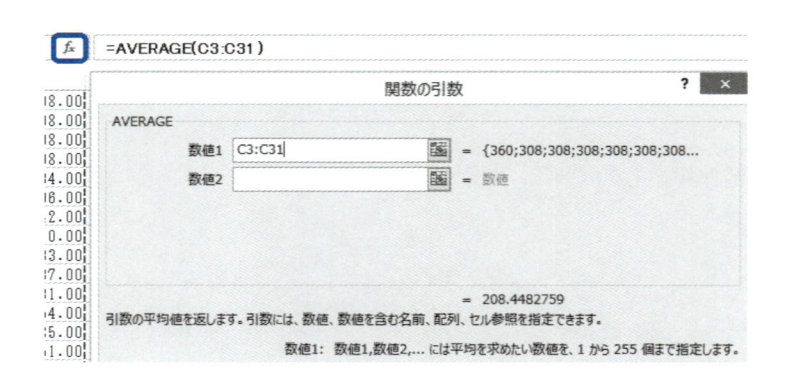

指定します（図は，米ドルの平均を求めるため C3:C31 を指定）。[関数の挿入] で AVERAGE がすぐには見つからないときは，[関数の分類] を [最近使った関数] から [すべて表示] や [統計] に変え，アルファベット順の関数の中から AVERAGE を探します。同様の作業を，指定する範囲を変えて繰り返し，マルクやフランの平均も求めます。

以上の作業を，標準偏差（関数名：STDEV.S）についても繰り返します。

平均と標準偏差が求まったら，各通貨について変動係数（標準偏差÷平均）を求めます。Excel 上の計算結果は次のようになります。

		米ドル	ドイツ・マルク	フランス・フラン
33				
34	範囲	267.00	74.53	49.63
35	平均	208.4482759	91.37310345	37.47068966
36	標準偏差	81.50529615	19.37971216	17.74671638
37	変動係数	0.391009692	0.212094275	0.473615953

これから，単位と桁数に気をつけ，結果をまとめます。桁数は，各通貨の平均はデータ数が多いので元のデータの 2 桁下まで），標準偏差は有効数字 3 桁に，変動係数は平均と標準偏差の桁数の少ない方に合わせます（ここでは有効数字 3 桁）。

	米ドル	ドイツ・マルク	フランス・フラン
平均	208.4483 円	91.3731 円	37.4707 円
標準偏差	81.5 円	19.4 円	17.7 円
変動係数	0.391	0.212	0.474

先に見た範囲に加え，ばらつきの大きさを示す標準偏差も米ドル（81.5 円），ドイツ・マルク（19.4 円），フランス・フラン（17.7 円）の順になっています。しかし，これらの外国為替の水準は大きく異なるため変動係数を見ると，変動の大きさはフランス・フラン（0.474），米ドル（0.391），ドイツ・マルク（0.212）となっていることがわかります。変動係数から，相対的な変動の度合いは，（はじめのグラフを見たときはほとんど動いていないように見えた）フランス・フランが最も大きいことがわかります（たとえて言うと，フランス・フランは全体として背は低いですが身長の半分近くの変動をしています。米ドルは背が高く，変動もそれなりに大きいのですが，背丈からすると 4 割弱しか変動していません）。

動いている水準が一目でわかる主軸を用いた折れ線グラフ，それぞれの変動具合が観察しやすい 2 軸を用いた折れ線グラフと，グラフの特徴もいろいろあります。またばらつきの大きさを示す指標も，変動の幅を示す範囲，絶対的な変動の大きさを示す標準偏差，相対的な変動の大きさを示す変動係数と数値指標もさまざまです。知りたい場面に応じ，データの特性に合わせて，適切なツールを組み合わせて用い，データの特徴をしっかりとらえていきましょう。

第9章
箱ひげ図を描いて，データのばらつきを視覚化しよう

■この章で学ぶこと
1. データの特徴をとらえる数値指標，四分位値について知ろう。
2. 箱ひげ図を描いて，格差（データのばらつき）をとらえよう。
3. データに外れ値が含まれていないか，検討しよう。

■キーワード
□ 四分位数
□ 四分位範囲
□ 箱ひげ図
□ 外れ値

9.1 箱ひげ図を描いて，データのばらつきをとらえよう

　第7章で平均や中央値といった中心を表す指標について，第8章で範囲や標準偏差といったばらつきを表す指標について学びました。第9章では「箱ひげ図」と呼ばれるグラフを用いて，少し別の角度からデータのばらつきについて見ていきます。

　箱ひげ図は，データの最小値，データ全体の25%（4分の1，第1四分位数）にあたる点，50%点（つまり中央値，第2四分位数），75%点（4分の3にあたる点，第3四分位数），最大値の位置を示した図です。箱に2本のひげが生えたような形をしているので，この名前がついています。なお，箱の幅にあたる，第3四分位数－第1四分位数の値を四分位範囲と呼びます。図9-1に横向きに表示した図を示しますが，縦方向に表示しても構いません。

　箱ひげ図を作成すれば，中央値の位置やひげの長さから，分布が左右対称かどうか，データのばらつきが大きいか小さいか，外

図 9-1　箱ひげ図

れ値の有無などを簡単にとらえることができます。

　さて，経済の状態を知る上で「雇用」の問題は重要です。景気の動向をとらえる際には「失業率」が取り上げられることが多いため，この章では，**例題 9** に示すように，国勢調査に基づく 1980 年から 2010 年までの 5 年おきの**都道府県別完全失業率データ**（男女別）を用いて箱ひげ図の実習を行います。

　例題ではデータソースや問題はあらかじめ設定されていますが，失業率をとらえていく際に，どのような理由から国勢調査というデータが選ばれ，都道府県別のデータを利用するという枠組みが設定されたのでしょうか。ここで，この例題の背景やデータを利用する際の注意について説明しておきます。考察の際や，自分で興味を持った問題について調べていくときのヒントとしてください。

　次の 3 つの点について検討，説明を行います。

（1）　経済用語（定義）に注意を払いましょう。
（2）　データソースにはどのような特徴があるのでしょう。どれを選ぶべきでしょうか。
（3）　どのような角度からデータを分析すればよいのでしょう。

（1）　経済の話で出てくる単語は日常的によく使う言葉が多いです。しかし，経済学の中で用いられるときには（場合によっては少し違う意味合いで）厳密に定義されています。その意味・定義をしっかりと押さえてから分析を行いましょう。

　たとえば「貯蓄」ということばが経済学で用いられるとき，日常使う「貯金」とは異なり，「所得のうち消費されなかった部分」という意味合いになります。重複する部分はありそうですが，私たちがふつうイメージしているのとは意味が少し異なることがわかります。

　では「失業率」はどうでしょうか。率と言うからには何かを何かで割った値になります。分子は失業している人の数でしょうが，それでは「失業している人」とはどんな人でしょうか。そのとき仕事をしていない人と考えると，子どもや学生もまた退職した高

齢者も失業者ということになり不都合です．一方，分母の方はどうしたらよいでしょうか．

日本では，次のように失業率（正確には完全失業率）が定義されています．

まず15歳以上の人口を対象と考え，それを労働力人口と非労働力人口に分けます．労働力人口は一言でいえば働こうと思えば働ける，働く意欲のある人です．学生や退職した高齢者，専業的に家事に従事している人や働く意欲をなくしてしまった人は含まれません．労働力人口はさらに，就業者（仕事についている人．実際に仕事している人に加え休業者も含みます）と完全失業者に分けられます．もう少し詳しく定義すると，就業者は「調査週間（月末の1週間）に少しでも働いた人」，完全失業者は，調査週間中に仕事をしていないだけでなく，仕事を探したり仕事を始める準備をしたりしていた人を指します（仕事を探さなかったり，始める準備をしなかったりした人は，完全失業者ではなく，非労働力人口と数えられることに注意をしてください）．

完全失業率とは，労働力人口に占める完全失業者の比率のことを言います．

皆さんが何となく感じていた「失業者」「失業率」の意味合いとは少し違っていたのではないでしょうか．ニュースなどで失業率が話題になる際，この定義を頭において聞くと，今まで見落としていた点が見えてくると思います．また「日本の」と書いたのは，国により失業者の定義が異なるからです．国際比較の際には注意が必要です（日本の定義は失業者の数を抑え気味に把握する傾向がある，失業率が低めに出ると言われています）．

(2)「完全失業率　データ」といった語で検索を行うと，おそらく労働力調査と国勢調査という2つの調査名が出てきます．これらはいずれも総務省統計局が行っている調査で，どちらも(1)で説明した定義に従って完全失業者数と労働力人口の数値が調査されています．それでは，この2つの調査はどこが違うのでしょうか．完全失業率について調べるとき，どちらを利用すればいいのでしょうか．

調査にはいろいろな方法があります．たとえば調査したい対象と現実に調査を行う対象の関係から分類すると，統計調査は，全数調査と標本調査の2つに分かれます．全数調査は名前の通り，調査したい対象をすべて調査する調査です．一方，標本調査は，

興味を持っている調査したい対象（統計学では母集団（population）と呼びます）の一部分について調査する方法です（実際に調査した対象を標本（sample）と呼びます）。標本調査では，調査結果が妥当な（母集団の性質に倣う）ものであるためには，内容が偏らないように取り出し方（サンプリング）に注意が必要です。またそれなりのサンプルの大きさがなくてはなりません。

国勢調査は，日本国内に常住する者すべてが調査対象となる，日本で唯一の全数調査です。大がかりな調査ですので5年に一度行われます。一方，労働力調査はランダムに選ばれた約4万世帯を対象に行われる標本調査で，毎月実施されています。細心の注意を払っても標本調査ですから正確さでは国勢調査に劣ります。しかし，速報性，機動性といった面で大変有用な調査です。

2010年10月の数字で比較してみると，国勢調査による完全失業率は6.4％，労働力調査による完全失業率は5.1％となっています。この章では，5年おきとはなりますが，国勢調査の結果を使って完全失業率の動きを見ていくことにします。

(3) 表9-1は，2010年に行われた国勢調査から計算した全国における完全失業率の値です。表より，性別により，また年齢により，完全失業率の値が異なることがわかります。

日本経済全体について大きくとらえる場合には全体の平均値を使えばよいでしょうが，効果的な対策（経済政策）をたてていくには，データを層別（グループ分け）して詳細に内容を検討し，グループによる事情の違いや問題点を洗い出していく必要があります。

また，ここに記載された全国平均の背後には多くの地域，都道府県があります。景気やそれに伴う雇用状況にはかなりの地域差があるでしょうから，その違いをうまく把握していかなくてはなりません。

そこで，例題9では，男女別・都道府県別の国勢調査による完全失業率データを用いて箱ひげ図を描き，完全失業率の性別や地域による違いを把握していきます。1980年から2010年までのデータを利用しますので，失業率の動きやそのばらつきの大きさの推移について知ることができます。

第9章 箱ひげ図を描いて，データのばらつきを視覚化しよう

表9-1 全国における完全失業率（「国勢調査」（総務省統計局），2010年）

	男女合計	男性	女性
総数（15歳以上）	6.4%	7.4%	5.0%
15〜19歳	12.8%	14.4%	11.2%
20〜24歳	9.9%	11.0%	8.7%
25〜29歳	8.2%	8.9%	7.3%
30〜34歳	6.6%	6.9%	6.3%
35〜39歳	5.9%	6.1%	5.7%
40〜44歳	5.5%	6.0%	4.9%
45〜49歳	5.0%	5.7%	4.0%
50〜54歳	4.9%	6.0%	3.4%
55〜59歳	5.7%	7.2%	3.4%
60〜64歳	7.6%	10.0%	3.8%
65〜69歳	6.6%	9.0%	2.5%
70〜74歳	5.2%	7.0%	2.0%
75〜79歳	3.7%	4.9%	1.7%
80〜84歳	3.0%	3.6%	2.1%
85歳以上	3.3%	3.4%	3.3%

9.2　例題9　箱ひげ図を描こう

表9-2は，国勢調査の結果から計算した，1980年から2010年までの5年おきの完全失業率の値を，男女別に，各都道府県別に見たものです（下記は一部の数字を省略。全体の表は，章末に掲載しています）。

表9-2 男女別に見た完全失業率（都道府県別）の推移

	A	B	男							女						（単位：%）
1																
2	都道府県		1980年	1985年	1990年	1995年	2000年	2005年	2010年	1980年	1985年	1990年	1995年	2000年	2005年	2010年
4	全国平均		2.8	3.8	3.3	4.6	5.1	6.7	7.4	1.9	2.7	2.5	3.8	4.2	4.9	5.0
5	北海道		2.8	4.6	3.9	4.6	4.9	7.0	8.0	2.4	4.0	3.2	4.1	4.6	5.8	5.9
6	青森		3.7	5.6	5.2	5.8	5.9	9.5	10.6	2.7	4.0	3.5	4.2	4.8	6.9	7.0
7	岩手		2.6	3.9	3.3	3.8	4.6	7.4	8.7	1.5	2.2	1.8	2.5	3.3	4.7	5.0
8	宮城		2.3	3.6	3.0	4.1	5.2	7.7	9.0	1.8	2.7	2.3	3.5	4.4	5.7	6.1
9	秋田		2.7	3.9	3.3	3.8	4.9	7.2	8.6	1.8	2.3	1.9	2.7	3.5	4.7	4.8
47	熊本		3.4	4.7	3.8	4.7	4.9	6.9	8.1	2.2	3.0	2.4	3.5	3.8	4.7	5.0
48	大分		3.3	4.7	3.8	4.3	4.9	7.0	8.5	2.2	3.1	2.7	3.2	3.9	4.9	5.3
49	宮崎		3.5	5.0	4.0	4.8	5.6	7.1	8.5	2.3	3.1	2.5	3.5	4.3	5.0	5.2
50	鹿児島		3.4	4.8	4.0	4.7	5.5	8.1	8.3	2.2	2.9	2.6	3.4	4.2	5.3	5.0
51	沖縄		8.4	8.3	8.8	11.3	10.3	13.7	13.1	8.4	6.5	6.1	8.6	8.1	9.3	8.2

> この表の男性データについて，各年の都道府県別データを1つの箱ひげ図に表し，男性の完全失業率の推移を示す箱ひげ図群を作成しなさい。完成したグラフからどのようなことがわかるか，考察してみましょう。

【例題9の解法】

ステップ1 各年について，箱ひげ図の計算に必要な数値指標（最小値，25％点，中央値，75％点，最大値）の値を求めます。

【1】 最小値は **MIN**，最大値は **MAX**，中央値は **MEDIAN** といった関数を用いてそれぞれ求めることもできますが，25％点や75％点も求める必要がありますし，1種類の関数ですべての指標が計算できれば便利です。ここでは**四分位数の関数 QUARTILE.INC**（Excel 2007以前では **QUARTILE**）を利用します。

QUARTILE.INC 関数では，対象とするデータの範囲と，どの四分位数を計算するか指定しなければなりません。次の図は，選択したセル（**C56**）に1980年の男性データ（**C**列）の最小値を求めようとしているところです。*fx* をクリックし，［関数の挿入］で **QUARTILE.INC** を選択すると，［関数の引数］ダイアログボックスが表示されます。

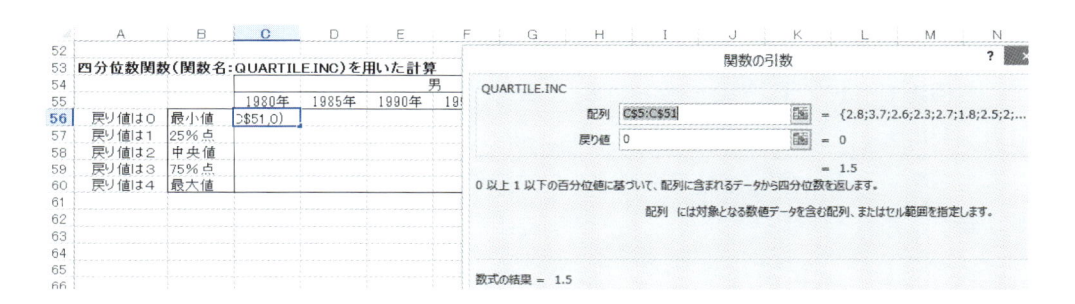

［配列］に，マウスで対象となるデータを選びます。範囲に全国平均の値を含めないよう，1980年の男性の失業率，北海道から沖縄までのセルを指定します。次に［戻り値］に求める四分位数の種類を指定します。最小値を求めたいなら「**0**」，第1四分位数（25％点）は「**1**」，中央値（第2四分位数，50％点）は「**2**」，第3四分位数（75％点）は「**3**」，最大値は「**4**」と入力します。ここでは 0 を入力すると1980年の都道府県別の男性完全失業率の最小値が1.5％と求まります。

【2】 1980年の最小値が求まったら，まず，1980年のその他の指標を求めましょう。

各セルに入力すべき内容は，対象となるデータ範囲（1980年の北海道から沖縄）は等しく，戻り値は求める指標に応じて変わりますので，「**=QUARTILE.INC(C5:C51, ●)**」で●に適切な戻り値を入力した式となります。

関数の入力を個々のセルに繰り返しても，「メモ帳」などのエディタで式の内容を加工し各セルに入力してもいいのですが，できるだけ手間を省くため，**C56** の内容を下方向にコピーして使えないか考えます。このとき，セルの範囲が変化しては困りますので，行番号に絶対番地を指定し「**C$5:C$51**」としてから下方向にコピーすると，**C57** から **C60** に「**=QUARTILE.INC(C$5:C$51,0)**」という式がコピーされます。各指標に応じ，戻り値の値を修正し，1980年の25％点から最大値までを求めます。

【3】 以上の操作で求まった1980年の各セルの内容は，データ範囲の行（北海道から沖

縄）と戻り値については固定されています．右方向にコピーすると，それぞれの列（年）についての四分位数が求まります．表9-3が完成します．

表9-3　男性の完全失業率（都道府県別）の四分位数

	A	B	C	D	E	F	G	H	I
52									
53	四分位数関数（関数名：QUARTILE.INC）を用いた計算								
54					男		性		
55			1980年	1985年	1990年	1995年	2000年	2005年	2010年
56	戻り値は0	最小値	1.5	1.9	2	2.7	3.2	4.9	5.6
57	戻り値は1	25％点	2.1	2.8	2.6	3.8	4.25	5.55	6.6
58	戻り値は2	中央値	2.6	3.6	3.1	4.2	4.9	6.6	7.5
59	戻り値は3	75％点	3.35	4.7	3.85	4.7	5.3	7.4	8.55
60	戻り値は4	最大値	8.4	8.3	8.8	11.3	10.3	13.7	13.1

ステップ2　箱ひげ図を作成します．

【1】　Excelには，「箱ひげ図」を描くツールはありません．似た形のグラフを探してみると，**株価チャートグラフの2つめ（始値-高値-安値-終値）** の形がよく似ていますので，これを利用することにします．

　このグラフでは，箱の下側が始値，上のひげの先が高値，下のひげの先が安値，箱の上側が終値と表示されます．

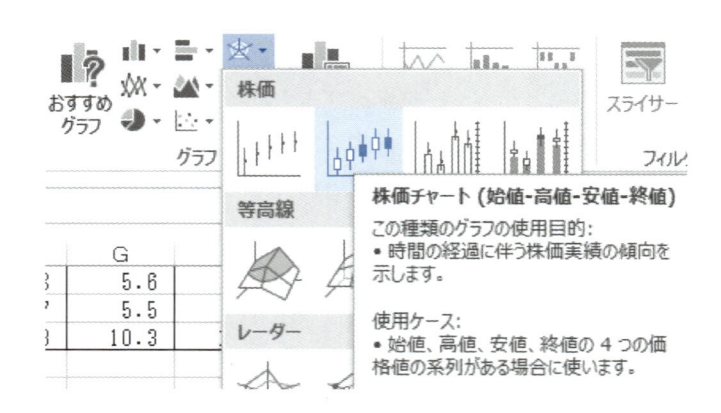

【2】　株価チャートグラフに合わせ，表9-3の内容を，**始値**（箱の下側，25％点），**高値**（上のひげの先，最大値），**安値**（下のひげの先，最小値），**終値**（箱の上側，75％点）の順にデータを並べなおします．

　表9-3を作成するときに，絶対番地を利用して，それぞれの四分位数を計算するデータの行範囲を固定してあります．縦方向に（同じ列であれば行を変えて）コピーしても問題ありませんので，表9-3の内容を行単位でコピーし，準備した表9-4の枠組みに貼り付けます．

表 9-4 株価チャートに合わせ並べ替えた，男性の完全失業率の四分位数

		男性						
		1980年	1985年	1990年	1995年	2000年	2005年	2010年
始値	25％点	2.1	2.8	2.6	3.8	4.25	5.55	6.6
高値	最大値	8.4	8.3	8.8	11.3	10.3	13.7	13.1
安値	最小値	1.5	1.9	2	2.7	3.2	4.9	5.6
終値	75％点	3.35	4.7	3.85	4.7	5.3	7.4	8.55

（セル62：株価チャートグラフに合わせた並べ替え）

【3】 表 9-4 で色アミの範囲を選択し，［挿入］タブ［グラフ］グループから［株価チャートグラフ］を指定します。次のようなグラフが表示されます。

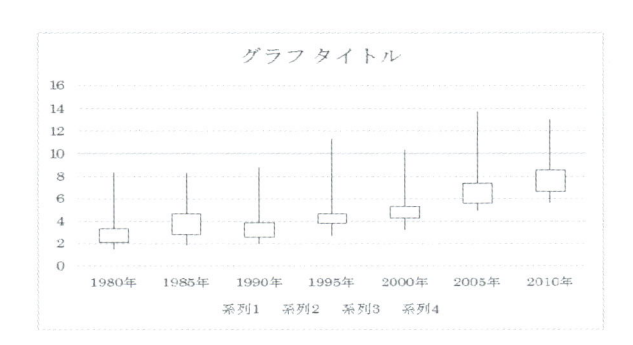

グラフの調整を行います。
① 凡例は不要ですので，消去します（マウスで選択し，DELキーを押します）。
② 適切なタイトルを入力します。
③ 必要な場合，目盛りの範囲（最大値，最小値）を調整します。
④ テキストボックスを用い，縦軸の単位（％）を入力します。

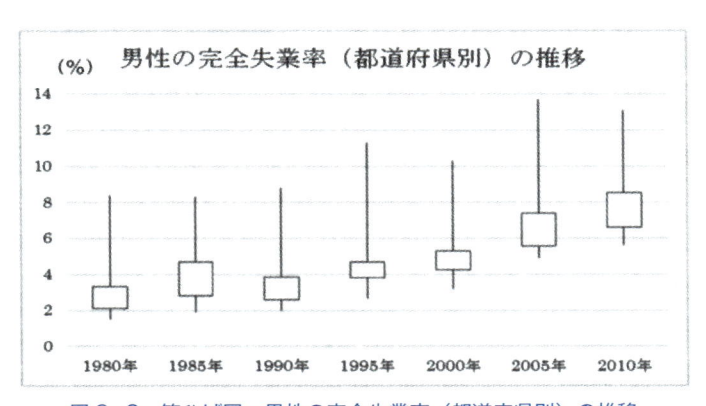

図 9-2 箱ひげ図：男性の完全失業率（都道府県別）の推移

図 9-2 のように，男性の完全失業率（都道府県別）の推移を表す箱ひげ図群が表示されます。

なお，残念ながらこのグラフには中央値の位置が示されません。次のステップで考察を行っていく際には，表 9-3 で求めた中央値の値も参考にするようにします。また，「ペ

イント」などの描画ソフトを用いれば，中央値の位置を描き加えることも可能です。

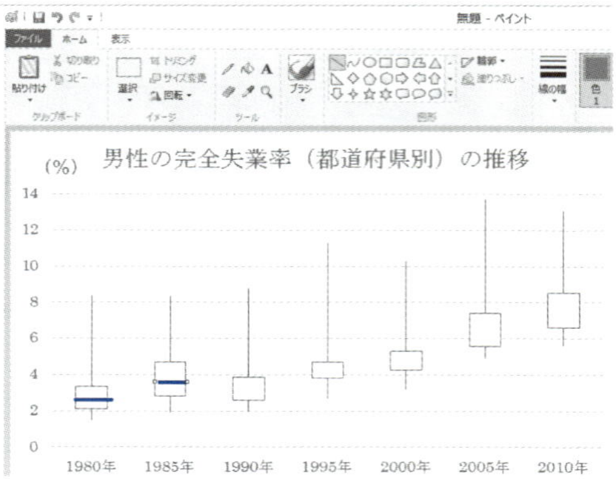

ステップ３　このグラフから読み取れることを考察してみましょう。

①　時間の推移による完全失業率の動きを見ると，1985 年から 90 年にかけては失業率が改善された（低くなった）ものの，1980 年から 2010 年までの 30 年間，次第に失業率は高くなっています。ただし，1995 年と 2000 年，2005 年と 2010 年を比べると，最小値や中央値は大きくなっているため全体として失業率は上がっていますが，最大値は小さくなっており，格差が縮まる動きが見られます。

②　都道府県間の格差を見ると，ひげの端から端までの長さは都道府県間の格差全体の大きさを示します。1995 年と 2005 年に他の年に比べ大きくなっており，それらの年で格差の広がりがあったようです。

一方，いずれの年においても，中央値は，最大値と最小値の中間より失業率の低い方にずれており，箱より上のひげの方が下のひげよりかなり長いことがわかります。つまり，失業率の高い少数の都道府県があることになります。表 9-2（全体は表 9-5）に戻り数値や県名を確認すると，中でも沖縄県の失業率がいずれの年も大変高く，外れ値の様相を見せていることがわかります。

以上のようなことが，男性の完全失業率についてわかります。

女性のデータについても，**ステップ１**，**ステップ２**の操作は全く同様に適用できます。箱ひげ図を作成し，女性の完全失業率についても同様の考察が成り立つか，また男女の完全失業率にどのような違いがあるか，検討してみましょう。

表9-5　男女別に見た完全失業率（都道府県別）の推移（表9-2全体）

(単位：％)

都道府県	男							女						
	1980年	1985年	1990年	1995年	2000年	2005年	2010年	1980年	1985年	1990年	1995年	2000年	2005年	2010年
全国平均	2.8	3.8	3.3	4.6	5.1	6.7	7.4	1.9	2.7	2.5	3.8	4.2	4.9	5.0
北海道	2.8	4.6	3.9	4.6	4.9	7.0	8.0	2.4	4.0	3.2	4.1	4.6	5.8	5.9
青森	3.7	5.6	5.2	5.6	5.9	9.5	10.6	2.7	4.0	3.5	4.2	4.8	6.9	7.0
岩手	2.6	3.9	3.3	3.8	4.6	7.4	8.7	1.5	2.2	1.8	2.5	3.3	4.7	5.0
宮城	2.3	3.6	3.0	4.1	5.2	7.7	9.0	1.8	2.7	2.3	3.5	4.4	5.7	6.1
秋田	2.7	3.9	3.3	3.8	4.9	7.2	8.6	1.8	2.3	1.9	2.7	3.5	4.7	4.8
山形	1.8	2.5	2.1	3.0	3.6	5.5	6.9	1.4	1.7	1.3	2.2	2.9	3.9	4.3
福島	2.5	3.4	2.9	3.8	4.7	6.9	8.4	1.5	2.0	1.8	2.9	3.7	4.9	5.4
茨城	2.4	2.7	2.6	4.0	4.6	6.6	7.7	1.3	2.0	2.0	3.3	3.7	4.8	5.1
栃木	2.1	2.6	2.6	4.0	4.5	6.1	7.3	1.3	1.8	1.8	3.2	3.5	4.4	4.9
群馬	2.1	2.9	2.8	4.0	4.5	6.4	7.4	1.4	2.0	2.0	3.2	3.6	4.6	4.9
埼玉	2.2	2.9	2.7	4.5	4.9	6.2	7.2	1.8	2.5	2.6	4.2	4.3	4.8	5.0
千葉	2.2	2.9	2.7	4.4	5.0	6.2	7.0	1.8	2.6	2.5	4.0	4.2	4.7	4.9
東京	2.8	3.7	3.1	5.0	5.0	6.2	6.5	2.5	3.4	3.0	4.5	4.5	4.9	4.9
神奈川	2.6	3.2	3.0	4.7	5.0	5.9	6.4	2.2	2.9	2.9	4.4	4.4	4.8	4.8
新潟	1.7	2.6	2.3	3.0	4.2	5.4	6.5	1.3	1.8	1.6	2.4	3.3	4.0	4.2
富山	2.0	2.5	2.4	3.1	3.9	5.2	6.4	1.2	1.6	1.5	2.2	2.9	3.4	3.7
石川	2.0	2.7	2.6	3.6	3.9	5.4	6.4	1.3	2.0	1.8	2.8	3.3	3.9	4.1
福井	1.9	2.3	2.2	2.8	3.4	4.9	6.3	1.2	1.5	1.5	2.1	2.7	3.4	3.9
山梨	2.2	2.9	2.8	3.8	4.2	6.2	7.4	1.4	1.9	1.9	2.9	3.2	4.2	4.6
長野	1.5	1.9	2.0	2.7	3.4	5.3	6.5	0.9	1.3	1.4	2.1	2.7	3.6	4.0
岐阜	1.7	2.4	2.3	3.5	4.1	5.5	6.7	1.1	1.6	1.6	2.8	3.1	3.9	4.1
静岡	2.2	2.9	2.6	3.9	4.2	5.2	6.8	1.5	2.1	1.9	2.9	3.2	3.7	4.4
愛知	2.0	2.7	2.6	4.0	4.3	5.0	5.7	1.5	2.1	2.2	3.3	3.6	4.0	4.2
三重	2.6	3.2	3.0	3.8	4.3	5.4	6.0	1.5	1.9	2.0	2.7	3.3	4.3	3.9
滋賀	1.9	2.3	2.3	3.3	3.9	5.2	5.8	1.2	1.7	1.9	2.9	3.3	4.0	4.1
京都	2.9	3.8	3.1	4.7	5.2	6.8	7.2	2.0	2.9	2.5	4.0	4.4	5.0	4.9
大阪	3.7	4.9	4.6	6.6	7.5	9.6	9.1	2.5	3.7	3.7	5.6	6.1	7.2	6.4
兵庫	3.3	4.2	3.6	5.3	5.8	7.3	7.5	2.2	3.0	2.8	4.8	4.7	5.5	5.2
奈良	2.4	3.1	3.1	4.3	5.3	7.4	8.7	1.7	2.4	2.4	3.9	4.4	5.5	5.7
和歌山	3.5	5.1	4.1	5.1	5.7	7.5	8.2	1.8	2.6	2.4	3.5	3.9	4.7	4.9
鳥取	2.3	3.6	3.1	3.5	4.0	6.6	7.3	1.3	1.9	1.8	2.4	3.0	4.2	4.2
島根	1.8	2.6	2.4	2.8	3.2	5.3	5.6	1.1	1.6	1.4	1.9	2.6	3.3	3.2
岡山	2.8	3.6	3.5	4.2	4.9	6.1	8.7	1.5	2.1	2.1	3.1	3.6	4.1	5.3
広島	2.9	3.6	2.9	4.1	4.7	5.6	6.2	1.6	2.3	2.0	3.2	3.7	4.1	4.3
山口	3.1	4.0	3.4	4.2	4.6	6.0	7.2	1.7	2.3	2.0	2.8	3.3	3.9	4.2
徳島	4.1	6.0	4.8	5.3	5.5	8.5	9.4	2.2	3.0	2.6	3.5	4.2	5.7	5.4
香川	2.8	4.0	3.7	4.4	5.3	7.0	7.5	1.7	2.3	2.2	3.2	3.9	4.4	4.6
愛媛	3.6	5.0	4.4	5.1	5.6	7.4	8.8	2.0	2.8	2.7	3.5	4.2	5.0	5.3
高知	5.0	6.9	5.8	6.3	6.0	9.6	9.8	2.8	3.9	3.4	4.1	4.4	5.9	5.2
福岡	4.9	6.5	5.1	6.0	6.4	8.3	9.2	2.9	4.3	3.6	4.7	5.2	6.2	6.2
佐賀	3.0	4.2	3.3	4.1	4.9	6.7	7.7	1.9	2.5	2.0	2.8	3.8	4.5	4.7
長崎	3.9	5.0	4.1	4.7	5.3	7.4	8.0	2.6	3.4	2.6	3.5	4.3	5.3	5.0
熊本	3.4	4.7	3.8	4.7	4.9	6.9	8.1	2.2	3.0	2.4	3.5	3.8	4.7	5.0
大分	3.3	4.7	3.8	4.3	4.9	7.0	8.5	2.2	3.1	2.7	3.2	3.9	4.9	5.3
宮崎	3.5	5.0	4.0	4.8	5.6	7.1	8.5	2.3	3.1	2.5	3.5	4.3	5.0	5.2
鹿児島	3.4	4.8	4.0	4.7	5.5	8.1	8.3	2.2	2.9	2.6	3.4	4.2	5.3	5.0
沖縄	8.4	8.3	8.8	11.3	10.3	13.7	13.1	6.4	6.5	6.1	8.6	8.1	9.3	8.2

第10章
散布図を描いて，2つの変数の関係を見よう

■この章で学ぶこと
1. 2つの変数の関係を散布図に描き，視覚的にとらえよう。
2. 2つの変数の間に直線的な傾向があるか，相関係数を求めて調べよう。

■キーワード
□ 散布図
□ 相関係数
□ 正（または負）の相関
□ 外れ値

10.1 散布図を描いて，2つの変数の関係をとらえよう

　ここまでの章で，さまざまなグラフや数値指標を用いて，ある1種類のデータがどのような状態にあるか，または変化するかを見てきました。しかし，複数のデータの関連具合を知りたい場合もあります。そのような場面ではこれまで用いてきたグラフや指標では必ずしも役に立ちませんが，それではどのようなグラフ，指標を用いればよいのでしょうか。
　第10章ではこのような疑問に応えるツールとして，2つのデータ（変数）の関係を示す散布図というグラフと，それらの変数間にどのような直線的傾向があるかを示す数値指標，相関係数について学んでいきます。
　散布図と相関係数について，消費と所得の関係を例にとって，簡単に説明します。
　マクロ経済学では，消費支出（C）と国民所得（Y）の間には強い関係があることを学びます。その関係について，たとえばケインズ（J. M. Keynes）は，

$$C = a + bY \qquad (a, b はある定数)$$

という関係を想定しましたが，そのような関係が本当に成り立っているのでしょうか．日本のデータで実際に調べてみましょう．

国民所得に関するデータは内閣府が調査・発表しています．<u>国民経済計算</u>（GDP統計）のメニューページ（http://www.ersi.go.jp/jp/sna/menu.html）から必要な項目を選び，国全体の国内総生産勘定（生産側及び支出側）や国民可処分所得，そのデフレータなどの時系列データを入手することができます．これらのデータを使えば時系列的に国全体の消費と所得がどのような関係にあるか，調べることができます．また「その他の統計等」として県民経済計算，都道府県ごとの調査結果も公表されています．

散布図は，関連する2つのデータであれば，<u>時系列データ</u>（ある事柄に関する，時間的推移を表すデータ）だけでなく，<u>クロスセクションデータ</u>（ある時点における，ある事柄に関する複数の主体の行動を表すデータ．たとえば国別，都道府県別，企業別のデータ）を用いても描くことができます．ここではクロスセクションデータである都道府県別データを用いて，消費と所得の関係を見てみます．

図10-1は，2009年度の47都道府県における，家計部門の最終消費と県民所得の関係を示した散布図です（数値はすべて実質値，基準年は2000年，単位は100万円）．

縦軸に家計最終消費支出，横軸に県民所得をとっています．2つの変数の関係を示すため，各都道府県の両者の値を一つひとつの点として表しています．47都道府県ありますから，この散布図には47個の点が示されています．説明のために名前を書き入れた都府県を見ると，たとえば東京都は2009年度の県民所得が約77兆円（77,158,194（百万円）），家計最終消費支出が約33兆円（33,187,395（百万円））でしたので，右上（横軸の目盛り77,000,000，縦軸の目盛り33,000,000に対応する辺り）に点がプロットされています．

散布図からさまざまなことがわかります．たとえば，

（ア）点の並びが<u>右上がり</u>の（横軸の変数が増えたときに，縦軸の変数が増える）傾向にあるか，<u>右下がり</u>の（横軸の変数が増えたときに，縦軸の変数が減る）傾向にあるか，点の並びに<u>クセがなく</u>，2つの変数は互いに関連し合わないか，

点の並びに傾向（クセ）がある場合，

第 10 章　散布図を描いて，2 つの変数の関係を見よう

（百万円）
各都道府県の消費と県民所得の関係（2009年）

家計最終消費支出

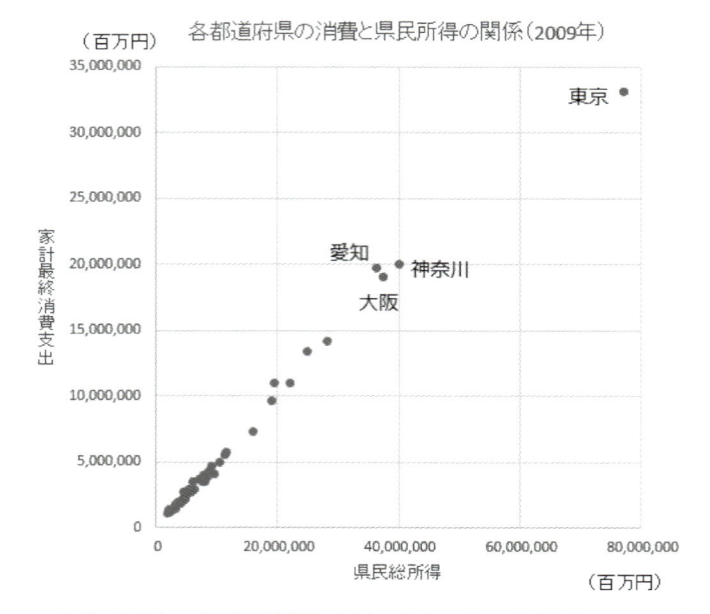

県民総所得　（百万円）

データの出所：内閣府の「県民経済計算（平成 8 年度−平成 21 年度）（93SNA，平成 12 年基準計数）」のページにある「統計表」「2. 主要系列表」の「5. 県内総生産（支出側，実質：固定基準年方式）の統計表（http://www.esri.cao.go.jp/jp/sna/data/data_list/kenmin/files/contents/tables/h20/syuyo5_1.xls）。

図 10-1　散布図：県民経済計算（2009 年）による県民所得と家計消費の関係

（イ）　点の並びの増え方や減り方は急激か，それともゆっくりか，

（ウ）　点の並びはばらついているか，それとも（直線状に）まとまっているか，

（エ）　少数の，点の並びから外れた点（外れ値）がないか，

などを観察しましょう。

図 10-1 を見ると，県民所得が増えたとき家計最終消費は全体として増えており，その傾向は大変はっきりとしています。最も県民所得の少ない鳥取県から大阪府や神奈川県を通る直線を引いてみたところ，愛知のように少しずれがある県もありますが，ほとんどの道府県の点が線の周りに集中しています。

唯一の例外が東京都で，県民所得や消費支出が他県に比べ多額なだけでなく，グラフに描きいれた直線から点が離れていますので，東京都での消費と所得の関係は他の道府県とは傾向が異なると思われます（図 10-2）。

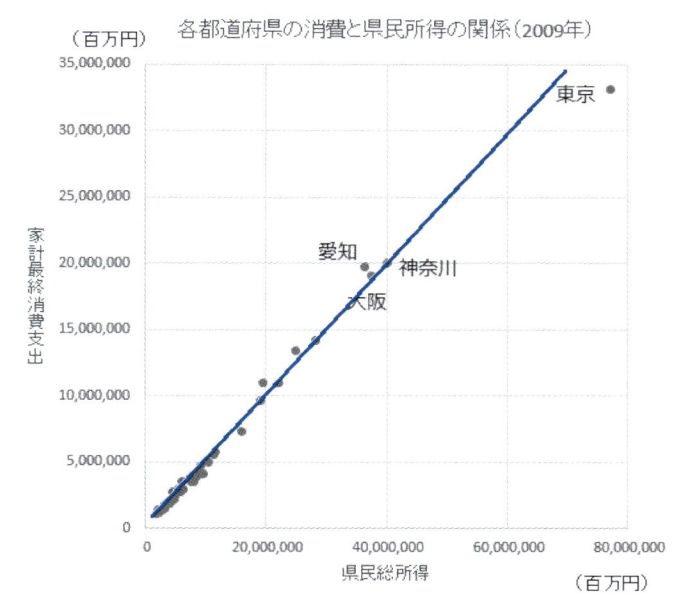

図 10-2　散布図（図 10-1）に補助線を描きいれる

　2009 年度の県別データ用いた散布図から，消費と所得の間には強い直線的な関係があることがわかりました。このことは**相関係数**と呼ばれる数値指標で示すこともできます。相関係数（r）は，横軸の i 番目のデータを x_i，縦軸の i 番目のデータを y_i と表すと，

$$r = \frac{\sum_{i=1}^{n}(x_i - \bar{x})(y_i - \bar{y})}{\sqrt{\sum_{i=1}^{n}(x_i - \bar{x})^2}\sqrt{\sum_{i=1}^{n}(y_i - \bar{y})^2}}$$

と定義される無名数です。$(x_i - \bar{x})$，$(y_i - \bar{y})$ はそれぞれ x_i や y_i が自身の平均からどれだけ離れているかを表す偏差です。相関係数は，2 つの変数にどのような直線的傾向があるか，その向き（横軸のデータが大きくなったとき縦軸の変数がどう動くか）やその関連具合が強さを示す指標となります。詳しい内容については統計学のテキストに譲るとして，相関係数の求め方と使い方を簡単に説明しておきます。

　Excel では関数 **CORREL** を用いて簡単に相関係数を求めることができます。

　相関係数は必ず −1 から 1 の間の値をとり，その意味は次の表 10-1 のようにまとめられます。

正（負）の相関とは，一方の変数が大きくなったとき他方の変数が大きく（小さく）なる関係を言います。相関係数の絶対値が大きいほど2つの変数の直線的関係は強く，絶対値が1のときにはデータが完全に直線状になります。データの動きが1本の直線で表しにくくなるほど相関係数の絶対値は小さくなり，両者の間に全く直線的傾向が見られないとき0となります（たとえば円周上にデータが並んでいる場合，相関係数は0です）。

表10-1 相関係数の値とその意味

相関係数	その意味
＋1	完全な正の相関関係
＋の値	正の相関関係。値が1に近いほど相関が強い。
0	相関関係はない。
−の値	負の相関関係。値が−1に近いほど相関が強い。
−1	完全な負の相関関係

2009年度の県別データを用いて相関係数を求めたところ0.993となり，大変強い正の相関が消費と所得の間にあることがわかります。このように相関係数は簡単に2つの変数の直線的関係の有無を判断してくれる便利な指標ですが，（ⅰ）検知できる関係は直線的傾向に限られること，（ⅱ）関連性の有無を検知するだけで，両者が因果関係にあるかどうか，またどちらが原因でどちらが結果かは判断できないことに注意してください。

（ⅰ）より，上記の円状の関係の例からも明らかですが，「相関係数が低い＝2つの変数に関係はない」と即断しないように注意してください。経済現象にはさまざまな曲線（非線形の）関係が存在します。たとえばミクロ経済学で学ぶ関数の場合，需要曲線であれ費用曲線であれ，需要と価格といった2つの変数間に強い関係はありますが，両者の関係が直線で表されるとは限りません。

複数のデータを扱う場合には，常に，相関係数だけでなく，散布図も併用するようにして，両者の関係をしっかりと読み取っていきましょう。

10.2　例題 10　散布図を描き，相関係数を求めよう

地球環境保護の観点から CO_2 排出量がよく問題になります。ここでは，CO_2 排出量とその原因と考えられるエネルギー使用量との関係を調べてみましょう。表 10-2 は，2009 年の G8 の国々の国民 1 人あたりのエネルギー使用量と CO_2 排出量をまとめたものです。

表 10-2　G8 諸国の 1 人あたりエネルギー使用量と 1 人あたり CO_2 排出量（2009 年）

	A	B	C	D
1				
2			エネルギー使用量	CO_2 排出量
3			（単位：石油換算トン）	（単位：トン）
4		カナダ	7.435	15.2
5		フランス	3.917	5.6
6		ドイツ	3.872	9.0
7		イタリア	2.739	6.7
8		日本	3.701	8.6
9		ロシア	4.559	11.1
10		イギリス	3.188	7.7
11		アメリカ	7.057	17.3

データソースは世界銀行の WDI オンラインデータ。Energy use（kg of oil equivalent per capita）の URL は http://data.worldbank.org/indicator/EG.USE.PCAP.KG.OE，CO2 emissions（metric tons per capita）の URL は http://data.worldbank.org/indicator/EN.ATM.CO2E.PC。

この表をもとに，
(1)　G8 諸国の 1 人あたりエネルギー使用量と 1 人あたり CO_2 排出量の関係を示す散布図を描きなさい。
(2)　G8 諸国の 1 人あたりエネルギー使用量と 1 人あたり CO_2 排出量の相関係数を求めなさい。
(3)　ヒストグラムや相関係数から，G8 諸国におけるエネルギー使用量と 1 人あたり CO_2 排出量の間にはどのような関係があるか，考察してみましょう。

【例題 10 の解法】

ステップ 1　散布図を描きます。

表 10-2 のデータの領域のみ（ここでは `C4:D11`）を選択し，［挿入］タブ［グラフ］グループから「散布図」を選択します。次頁右上のようなグラフが描かれます。
ここで散布図を作成する際のルールについて見ます。
①　対象とする 2 つの変数が原因と結果の場合は，必ず，横軸に原因，縦軸に結果の変

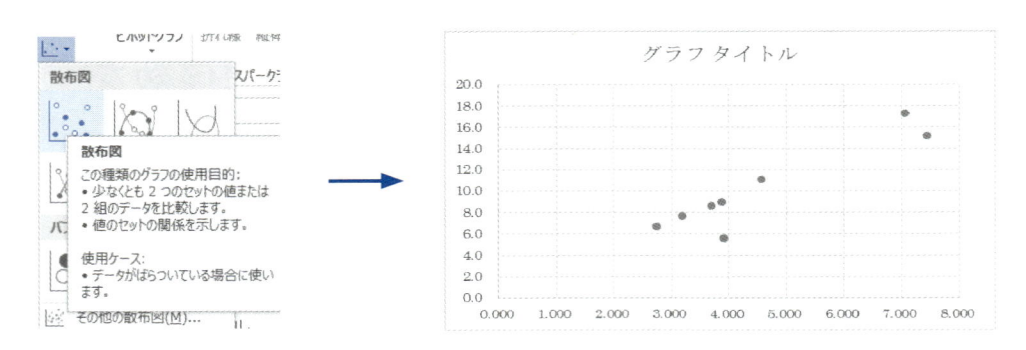

数 をとります（因果関係がない場合には，どちらをどちらの軸にとっても構いません）。

② 適切なグラフタイトルをつけ，それぞれの軸に変数名を明記します。（目盛自身に含まれていない場合は）単位も表示します。

③ データの示される領域（の端）に大きな空白の部分がないように目盛を調節します。

④ データの示される領域は，正方形（に近い形）で表示します。

②はこれまでのグラフと同様の注意ですが，それ以外は扱う変数が複数になったことや散布図の特徴によるルールです。③や④の処理は，増減の度合いに対する目の錯覚を避けるために行います。

順に，描かれた散布図に問題がないかチェックしていきましょう。

① **例題 10** のデータには「エネルギーを利用するから CO_2 が発生する」という因果関係があります。描かれたグラフを確認すると，横軸が（8で目盛りが終わっているので）原因のエネルギー使用量に，縦軸が（目盛りが20まであるので）結果の CO_2 発生量になっています。軸の取り方に問題はありません。

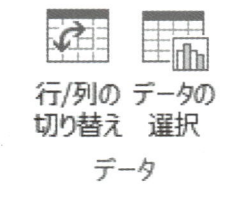

ここでは問題がなかったのですが，もし横軸と縦軸の変数が反対になっていたらどうしたらいいでしょうか。［グラフツール］［デザイン］タブの［データ］グループに［行/列の切り替え］ボタンがありますが，これを押しても修正はできません。右隣りの［データの選択］ボタンを押し，［データソースの選択］ダイアログボックス［凡例項目］で［編集］をクリック，［系列の編集］ボックスが表示されますので，［系列 X の値］と［系列 Y の値］を入れ替えれば，縦軸と横軸の変数を入れ替えることができます。

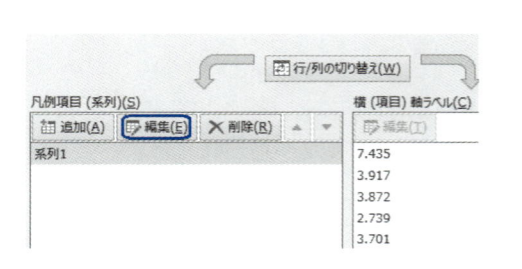

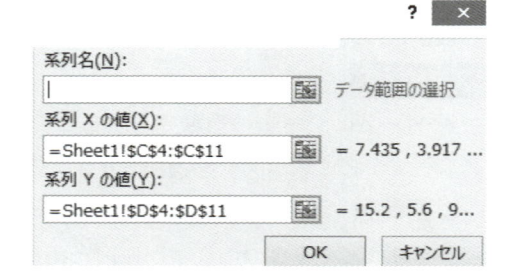

② 適切なタイトルを付けます。

　また，それぞれの軸に変数名（ラベル）を記入します。散布図右上の［グラフ要素］ボタン＋をクリックし［軸ラベル］にチェックを入れるか，または，［グラフツール］［デザイン］タブの［グラフのレイアウト］グループ［グラフ要素を追加］ボタン「軸ラベル」で順次軸名を指定するかして，軸ラベルの入力スペースを準備します。適切な軸ラベル名を入力します。

　ここで［挿入］タブの［テキスト］グループ［テキストボックス］［横書きテキストボックス］を選択し，各軸について，単位を入力するスペースを確保し，単位を入力しておきましょう。

③　データを確認すると，エネルギー使用量（横軸）の目盛りは 2 から 8 まであればすべての点が表示できます。CO_2 発生量については 5 から 18 が必要です。各軸上で右ボタンをクリックし，［軸の書式設定］を選択。［軸の書式設定］作業ボックス［軸のオプション］で境界値の最小値や最大値を適宜調整し，余分な空白が散布図の中に生じないようにします（図 10-3 では，横軸は目盛間隔が 1 になるように目盛りを 2.5 から 7.5 まで，縦軸は目盛間隔を 2 とするため目盛りを 5 から 19 まで取り，目盛りの表示形式を整数としています）。

④　散布図のグラフ表示領域が正方形に近くなるように成形します。

　以上の操作により，図 10-3 の散布図が完成します。

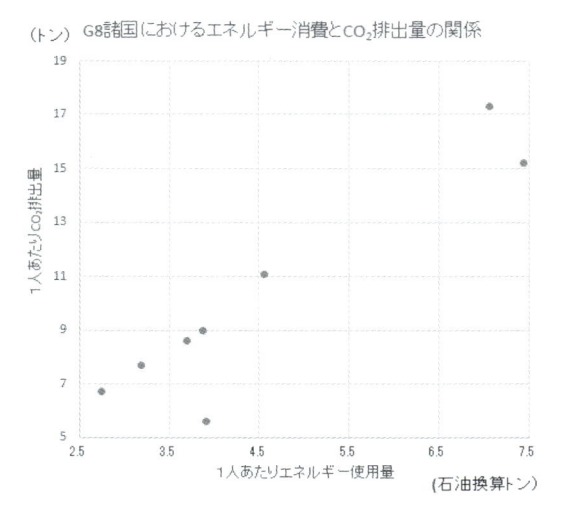

図 10-3　散布図：G8 諸国の 1 人あたりエネルギー使用量と
　　　　　 1 人あたり CO_2 排出量（2009 年）

ステップ2 相関係数を求めます。

適当なセルを選択し，[関数の挿入]ボタンを押します。[関数の挿入]ダイアログボックスが表示されますので，**CORREL** を探し選択します。

[関数の引数]ボックスで，[配列1]と[配列2]に各変数のデータ領域を指定し返します。変数の順はどちらから入力しても構いません。

相関係数が 0.931 と求まります。

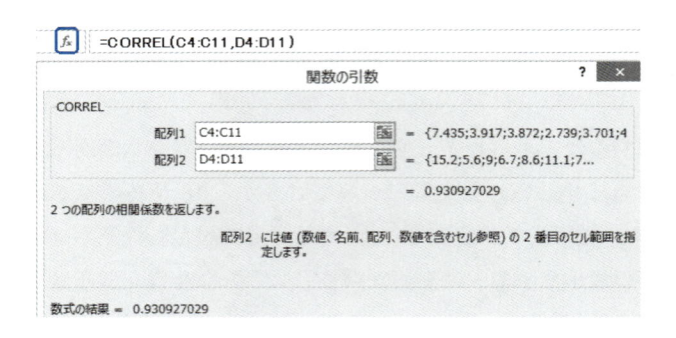

ステップ3 求まった散布図や相関係数から，G8諸国における1人あたりエネルギー使用量と1人あたりCO_2排出量の関係をとらえます。

図10-3から，また 0.931 という相関係数から，1人あたりエネルギー使用量と1人あたりCO_2排出量の間には強い正の相関関係があることがわかります。すなわち，エネルギー使用量が増えるとCO_2排出量は増え，両者の関係はおおむね1本の直線で表すことができ，その関連性は大変強いことがわかります。

数式を用いるなら，G8諸国においては1人あたりエネルギー使用量（X）と1人あたりCO_2排出量（Y）の関係を $Y = a + bX$（a, b はある定数）と表現できることになります。

ところで，a や b の値をどうにかして知る方法はないでしょうか。

図10-4の(a)を見てください。散布図に，最も左下に位置するイタリアと最も右上に位置するアメリカの点を結んだ補助線を描きいれてみました。ほとんどの国がこの直線にたいへん近いところに位置しているのがわかります。一方，2点（2カ国）がこの直線から離れた，他とは傾向の違う外れ値の様相を見せています。表と照らし合わせるとこれらの国々はフランスとカナダで，いずれも直線より下にありますので，同じエネルギー使用量であっても他の6カ国よりCO_2排出量が少ないことがわかります。地球温暖化を防ぐためにはCO_2排出量削減は急務ですから，これらの2カ国がなぜCO_2排出量が少ないか理由を調べると有用でしょう。

さて，ここからは少し高度な話になりますが，データを使って情報を読み取る際には外れ値への対処が大切であることを説明していますので，ざっと読んでみてください。

統計学や計量経済学を学ぶと，回帰分析と呼ばれるデータ手法があります。回帰分析は，

(a) イタリアとアメリカを結ぶ直線を描きいれる　　(b) 「回帰直線」を描きいれる

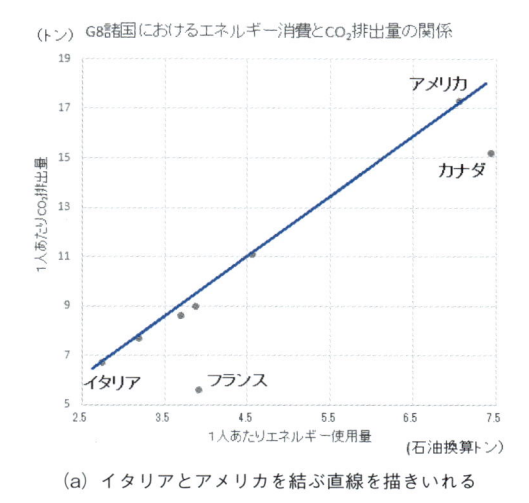

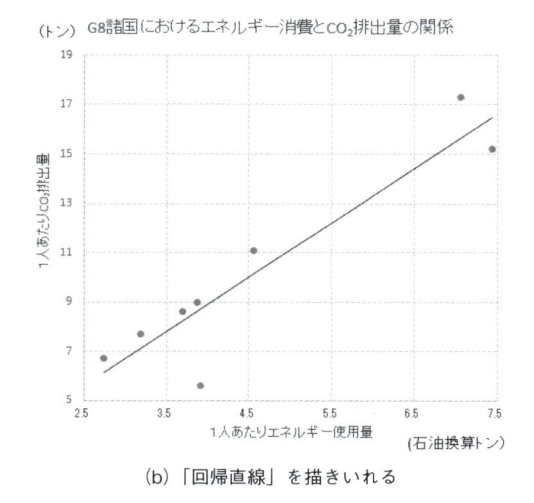

図 10-4　散布図（図 10-3）に補助線を描きいれる

データに基づいて，結果となる変数と原因となる変数の間の関係を明らかにする統計的手法です。

　例題 10 のように 2 つの変数の間に直線（1 次関数）で表される関係があるとわかれば，データからその（回帰）係数の値を推定することができます。

　Excel では**分析ツール**と呼ばれるツールを用いて簡単な回帰分析を行ったり（章末の**補足ステップ**で説明します），回帰分析の結果（回帰直線）を図示したりすることができます。回帰直線を図示するには，描かれた散布図を選択し，［グラフツール］［デザイン］タブ［グラフのレイアウト］グループ［グラフ要素を追加］ボタンを押し（Excel 2010 以前では，［グラフツール］［レイアウト］タブ［分析］グループの）［近似曲線］の「線形」を選びます。散布図中に回帰直線が描き加えられます（図 10-4 の（b））。

　a や b の値をデータから推定すると（図 10-4 の（b）），回帰直線の Y 切片 a の推定値が 0.08895，傾きの係数 b の推定値が 2.207 と求まります。

　これらの数値を使えば，他のエネルギー使用水準の国の CO_2 排出量を予想したり，CO_2 排出量をある水準に制限するとしたらどれだけエネルギーが使用できるか逆算したりすることができます。

　しかし，実は今回の分析ではこれらの数値はあまり信用に足る推測結果ではありません（図 10-4 の（b）の検証結果が悪い）。このことは，回帰分析や検定といった統計学の手法に詳しくなくても，図 10-4 の（a）と（b），2 つの図を見比べればわかります。この 2 つの図に描き加えた直線は異なります。図 10-4（a）の直線はある傾向に従う 6 つの国によくあてはまっています。ただここで分析を終えては，フランスやカナダを含めた G8 諸国の行動は説明できていないことになります。一方，図 10-4（b）の回帰直線は，8 つの国のデータを使って得られた「全体」にあてはまる直線です。フランスとカナダという傾向の違う国（外れ値）があるのに通常の分析を行ったため，どの国からもほど遠く

ないものの逆にどの国にもあてはまらない，結果的にどの国の行動もうまく説明できない直線になってしまっています．

以上から，全体を見た一般的な傾向を求めることは大事ですが，外れ値がある場合にはその処理をきちんとしてデータ分析を行わないと，中途半端で役に立たない結果に終わってしまうことがわかります．回帰分析はビジネスに限らずたいへん多くの分野で用いられている手法ですので，計量経済学や統計学の講義でぜひしっかりと学んでください．

補足ステップ　Excelで回帰分析を行うには

Excelは統計手法専門のソフトではありませんが，簡単な回帰分析を行うことができます（図10-5）．

［データ］タブ［分析］グループ［データ分析］ボタン［データ分析］ボックスで［回帰分析］を選択します（［分析］グループが表示されない場合は，［ファイル］タブで［オプション］（Excel 2010以前では，Officeボタンで［Excelのオプション］）→［アドイン］→最下方の［管理］で［Excelアドイン］を選択し［設定］をクリック→［アドイン］ダイアログボックスで［分析ツール］にチェックを入れます）．

［回帰分析］ダイアログボックスで，［入力Y範囲］に結果の，［入力X範囲］に原因の変数の範囲を指定します．指定した出力箇所（今回は新規ワークシート）に回帰分析の結果が表示されます．

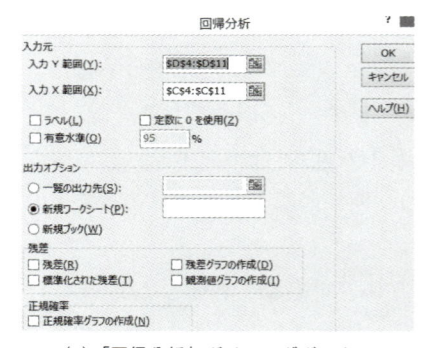

(a)「回帰分析」ダイアログボックス　　(b) 回帰分析の結果

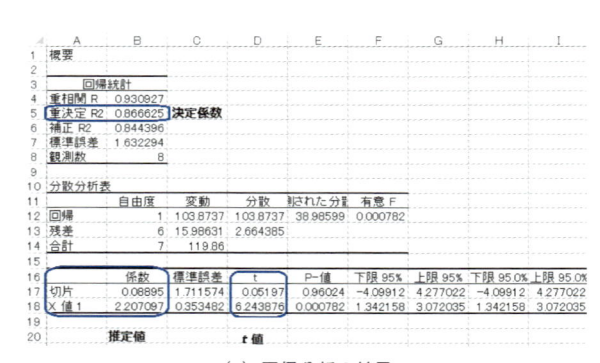

図10-5　Excelで回帰分析を行う

第11章
ローレンツ曲線やジニ係数から，不均等度をとらえよう

■この章で学ぶこと
1. 分配の状況を表すローレンツ曲線やジニ係数について知ろう。
2. ローレンツ曲線を描いて，不均等度を視覚化しよう。
3. ジニ係数を求めて，不均等度を数値化しよう。

■キーワード
☐ ローレンツ曲線
☐ 均等分配線
☐ ジニ係数
☐ 不均等度

11.1 ローレンツ曲線を描いて不均等度を視覚化し，ジニ係数でその大きさを比較しよう

　経済成長，物価の安定などと同様に，衡平な所得分配を実現していくことも，経済学の大きな目標です。この章では，格差の問題をとらえるグラフ，ローレンツ曲線や，格差の大きさを表す指標，ジニ係数について学んでいきます。ローレンツ（Lorenz）曲線やジニ（Gini）係数は，所得や資産の格差の大小を検討するときによく用いられる道具で，それぞれの提唱者の名前をとって名付けられています。所得や資産に限らず，何かの配分状況が均等かどうかを検討する際に利用します。

　ローレンツ曲線はある配分状況を示す曲線で，均等な分配状態と1つのグラフに描きいれることで，その配分状況がどの程度に（不）均等かを視覚的に表します。簡単な例で説明します。

　15枚のチョコレートクッキーを，マラソン大会に参加したAからEの5人に分ける場面を考えます。

　［ケース1］として，参加賞がクッキー3枚だったケースを考えます。このとき，クッキーは5人に均等に分配されています。

第 11 章 ローレンツ曲線やジニ係数から，不均等度をとらえよう

[ケース2]として，記録の良かった順に5枚，4枚，3枚，2枚，1枚とクッキーを賞品として渡す場合を考えます。この場合，クッキーの保有状況は不均等です。

マラソン参加者のうち何人に注目するかにより，その保有するクッキー枚数は異なります。注目する参加者を増やしたとき，[ケース1]では誰が増えてもクッキー保有枚数の増え方は同じですが，[ケース2]ではその増え方に違いがあります。マラソンの参加者人数とその保有するクッキー枚数の関係を表11-1にまとめました。参加者は，保有するクッキーの枚数の少ない順に並べることにします。構成比率はその参加者の人数や保有クッキーがクッキーという資産全体のどれだけにあたるかを，累積構成比率はその参加者までの参加者数や保有クッキー枚数の合計が全体に占める比率を示します。

表11-1 マラソン参加者と保有するクッキー枚数

ケース1	マラソン参加者の数（人）	参加者の構成比率	参加者の累積構成比率	保有するクッキー枚数	クッキーの構成比率	クッキーの累積構成比率
Aさん	1	0.2	0.2	3	0.2	0.2
Bさん	1	0.2	0.4	3	0.2	0.4
Cさん	1	0.2	0.6	3	0.2	0.6
Dさん	1	0.2	0.8	3	0.2	0.8
Eさん	1	0.2	1.0	3	0.2	1.0
合計	5			15		

ケース1	マラソン参加者の数（人）	参加者の構成比率	参加者の累積構成比率	保有するクッキー枚数	クッキーの構成比率	クッキーの累積構成比率
Aさん	1	0.2	0.2	1	0.067	0.067
Bさん	1	0.2	0.4	2	0.133	0.200
Cさん	1	0.2	0.6	3	0.200	0.400
Dさん	1	0.2	0.8	4	0.267	0.667
Eさん	1	0.2	1.0	5	0.333	1.000
合計	5			15		

参加者が増えたときのクッキー保有枚数の増え方に着目しましょう。「参加者の累積構成比率」を横軸に，「クッキーの累積構成比率」を縦軸にとったグラフに2つのケースの状況を描きいれると図11-1が得られます（注意：グラフをうまく作るためにある工夫をしています。例題の解法で説明します）。

図11-1には2本の線が描かれています。右上がりの45度線は［ケース1］に対応しています。配分は均等ですから，この直線を「均等分配線」と呼びます。一方，下に湾曲している曲線は，［ケース2］賞品としてクッキーを配分した状態を示すローレンツ曲線です。最初のうち，クッキーの保有状況を示す累積構成比率は緩やかに増えていきます。後半になると，保有枚数が多い人

が加わるため一気に高くなります。ローレンツ曲線は（保有者を保有量の少ない順に加えているため）下に膨らんだ弧の形をしており，配分が不均等になるほどに均等分配線から離れます。

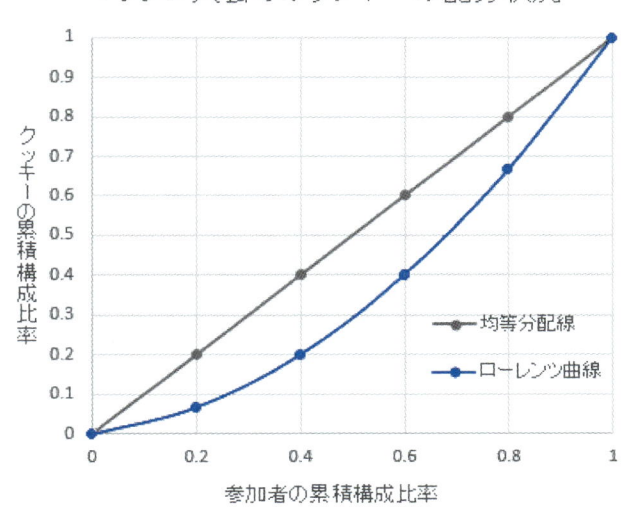

図 11-1 ローレンツ曲線と均等分配線

　ローレンツ曲線は，均等分配線との離れ具合を見ることで，視覚的に不均等度（格差）の存在を明らかにします。しかし，複数の状態（たとえば同じ時点の異なる地域間，ある場所の異なる時点間）の比較では，視覚的な判断だけでは比較しづらい場合も出てきます。たとえば下の図で，AとBの格差の大小は明らかですが，BとCの比較は困難です。

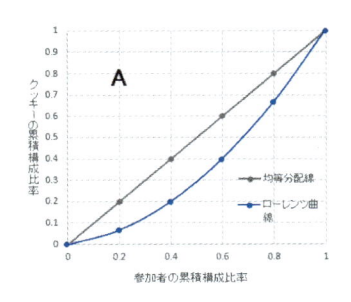

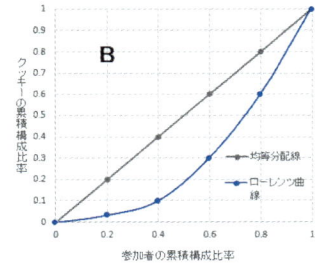

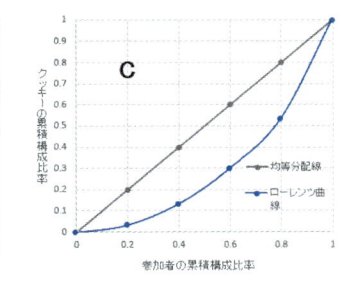

　このため，不均等度の大小を1つの数字で表す指標がいくつか提案されています。
　よく利用される指標にジニ係数があります。ジニ係数は，均等分配線とローレンツ曲線に挟まれた三日月状の面積（図のアミか

け部分）を，均等分配線と第1横軸，第2縦軸で囲まれた三角形の面積（下図の右下三角形部分）で割った値です。

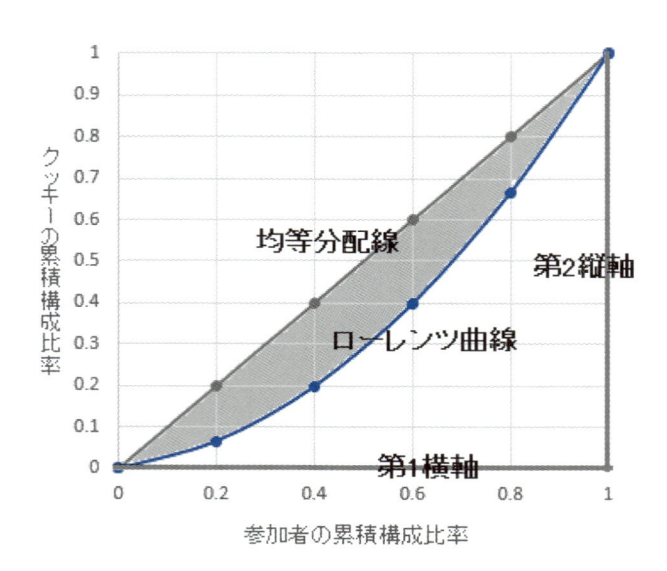

均等な分配では，ローレンツ曲線は均等分配線と等しくなり，三日月状の面積は0です。ジニ係数も0になります。

一方，1人の人がすべてを保有している完全に不均等な状態では，ローレンツ曲線は第1横軸と第2縦軸となります。ジニ係数の分子の斜線部分は分母の三角形と同じとなり，ジニ係数は1になります。通常の場合，ジニ係数は0から1の間の値をとり，その値が大きいほど不均等度（格差）が大きいことを示します。

11.2 例題11 ローレンツ曲線を描き，ジニ係数を求めよう

では，日本の最近のデータを用いて，ローレンツ曲線を描いたり，ジニ係数を計算したりしましょう。まず，例題の背景，使用するデータを説明します。

近年，「格差」が話題になることが少なくありません。新聞やTVのニュースで家計所得（年収）について計算されたジニ係数が取り上げられることもあります。

このとき，家計調査（総務省）のデータがよく使われます。多くの場合，「二人以上世帯のうち勤労者世帯」データが用いられていますが，「家計調査」では，他にもさまざまなタイプの世帯を対象に調査を行っています。

家計調査で発表されている世帯タイプの分類定義は次の通りです。

■ 人数によるグループ分け

> 総世帯＝二人以上の世帯＋単身世帯

■ 世帯主の就業状況によるグループ分け

> すべての世帯＝勤労者世帯＋勤労者以外の世帯
>
> 勤労者以外の世帯＝個人営業世帯＋その他の世帯（無職世帯を含む）

[注意]「勤労者以外の世帯」の定義からわかりますが，勤労者＝働いている人ではありません。家計調査における勤労者世帯は「世帯主が会社，官公庁，学校，工場，商店などに勤めている世帯」（ただし世帯主が社長，取締役など役員である場合は除く）と定義されています。

家計調査ではさまざまな階級別データが調査・報告されていますが，ここでは年間収入五分位階級別データを取り上げます。これは，調査対象の家計を年間収入（過去1年間の現金収入）の額で五分位階級（世帯を年収の低い方から順番に並べた同世帯数の5つのグループ）に分け調査を行った結果です。収入の低い方から第Ⅰ，第Ⅱ，第Ⅲ，第Ⅳ，第Ⅴ五分位階級と呼びます。

表11-2は，2011年に行われた「家計調査」における各タイプの世帯における年間収入五分位階級別データの平均年間収入額をまとめたものです。世帯の人数により，全体を見るか勤労者だけを見るかにより，年間収入の額がかなり異なることがわかります。データを用いた数値結果やグラフを見る際には，どの調査結果が使われているかはもちろんのことですが，いつの時点の，どの世帯タイプのデータが用いられているか，その世帯タイプの対象はどのような世帯かなどに注意して情報を読み取らなくてはならないことがわかります（この章末の補足ステップでも解説しています。参考にしてください）。

表11-2　年間収入五分位階級別に見た平均年間収入（2011年）

（単位：万円）

		総世帯	（勤労者）			二人以上世帯	（勤労者）	単身世帯	（勤労者）
所得階層	Ⅰ	172	252	所得階層	Ⅰ	262	328	106	164
	Ⅱ	314	416		Ⅱ	390	489	181	277
	Ⅲ	434	554		Ⅲ	515	624	252	366
	Ⅳ	607	721		Ⅳ	692	789	357	476
	Ⅴ	1074	1113		Ⅴ	1183	1191	637	734

それでは，最も取り上げられることが多い「二人以上世帯のうち勤労者世帯」のデータ（表 11-2 の色アミ表示した部分）について，年収の不均等度を調べてみましょう。
(1) 年収の格差を示すローレンツ曲線を描きなさい。グラフには均等分配線も描きいれること。
(2) 年収の格差を表すジニ係数を求めなさい。

【例題 11 の解法】
ステップ1 表 11-2 の情報を加工し，ローレンツ曲線を描きます。
【1】 準備表として表 11-3 を作成していきます。

第Ⅰ五分位階級の前に 1 行，空行を準備していることに注意してください。世帯数（各階級とも 2000）と年間収入の額を書き入れます。

表 11-3 ローレンツ曲線作成のための準備表

	A	B	C	D	E	F	G	H
1						(世帯数の単位:件、年収の単位:万円)		
2		年間収入 五分位階級	世帯の 度数	世帯の 構成比率	世帯の累積 構成比率	各世帯の 年間収入	年収の 構成比率	年収の累積 構成比率
3								
4		Ⅰ	2000			328		
5		Ⅱ	2000			489		
6		Ⅲ	2000			624		
7		Ⅳ	2000			789		
8		Ⅴ	2000			1191		
9		合計			合計			

C9，**F9** に世帯数，年間収入の合計を計算します。

D 列に世帯の構成比率，**G** 列に年収の構成比率を計算します。**D4** に「**=C4/C\$9**」と入力し下方向にコピー，**G4** に「**=F4/F\$9**」と入力し下方向にコピーします。常に合計で割るために，絶対番地を使っています。

E 列に世帯の累積構成比率，**H** 列に年収の累積構成比率を計算します。**E4** に **D4** の内容をコピー，**E5** に「**=D5+E4**」と入力し下方向にコピーします。**E8** は **1** になるはずです。確認しましょう。**H** 列も同様の操作で計算します。**E3** と **H3** には **0** と入力します。

表 11-4 が完成します。

表 11-4 ローレンツ曲線作成のための準備表（完成版）

	A	B	C	D	E	F	G	H
1						(世帯数の単位:件、年収の単位:万円)		
2		年間収入 五分位階級	世帯の 度数	世帯の 構成比率	世帯の累積 構成比率	各世帯の 年間収入	年収の 構成比率	年収の累積 構成比率
3					0			0
4		Ⅰ	2000	0.2	0.2	328	0.0958784	0.0958784
5		Ⅱ	2000	0.2	0.4	489	0.14294066	0.23881906
6		Ⅲ	2000	0.2	0.6	624	0.18240281	0.42122136
7		Ⅳ	2000	0.2	0.8	789	0.23063432	0.65185618
8		Ⅴ	2000	0.2	1	1191	0.34814382	1
9		合計	10000		合計	3421		

【2】 表 11-4 の色アミ表示した部分を選択し，[挿入] タブ [グラフ] グループの「散布図（平滑線とマーカー）」を選択します。ローレンツ曲線が描かれました。**E3** と **H3** に「**0**」を入力したため，原点から曲線がスタートしています。

いくつか調整を行います。

① 縦軸，横軸の変数が正しく選択されているか，確認します。
② 縦軸，横軸とも目盛りの最大値を **1** にします。
③ グラフの表示領域を正方形にします。

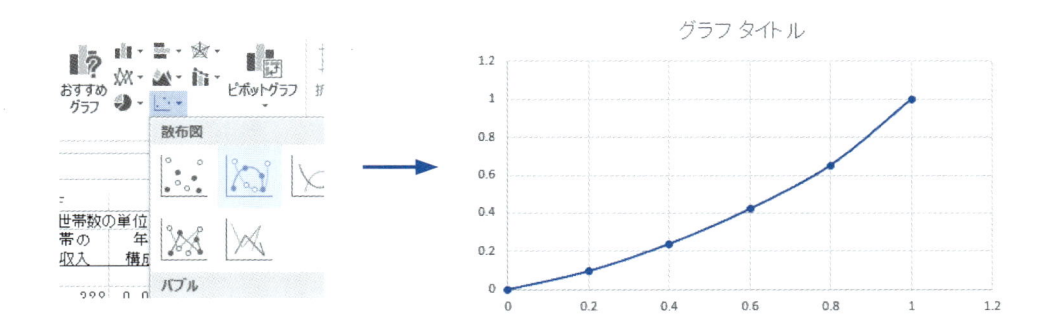

④ 軸ラベルのスペースを確保し（グラフ右上の [グラフ要素] ボタン ➕ をクリック，「軸ラベル」にチェックを入れます），適切な軸ラベル名を入力します。
⑤ 適切なタイトルを付けます。

下左の図が得られます。

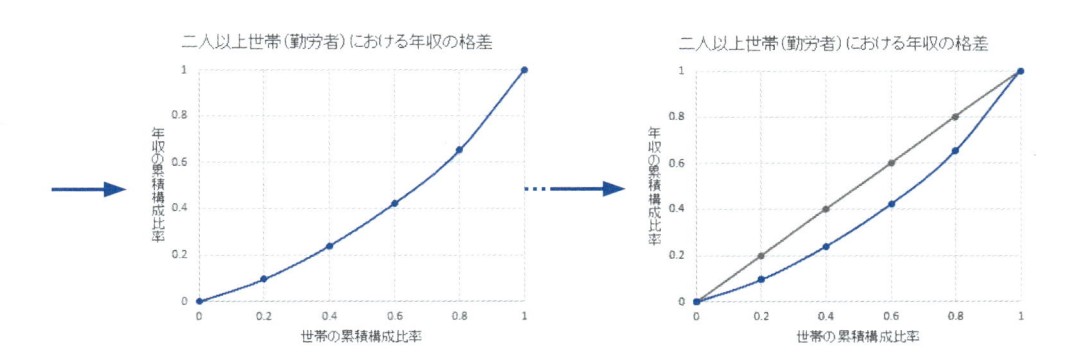

【3】 均等分配線を描きいれます。

グラフを選択し，[グラフツール][デザイン] タブ [データ] グループの [データの選択] ボタンをクリックします。[データソースの選択] ダイアログボックスが表示されますので，凡例項目（系列）の [追加] ボタンをクリックします。

[系列の編集] ボックスで，[系列名] に「均等分配線」と入力します。[系列 X の値] にはマウスで **E3** から **E8** を選択します。[系列 Y の値] に入力されている「**={1}**」を消去し，系列 X と同様に **E3** から **E8** を選択します。

[OK]を押し，[データソースの選択]に戻ります。凡例項目に均等分配線が追加されています。ここで凡例項目の[系列1]を選択し，[編集]ボタンを押します。現れた[系列の編集]ボックスで，[系列名]に「ローレンツ曲線」と入力します。[データソースの選択]ボックスに戻り，凡例項目がローレンツ曲線と均等分配線の2項目になっているのを確認して[OK]を押します。右上図が得られます。

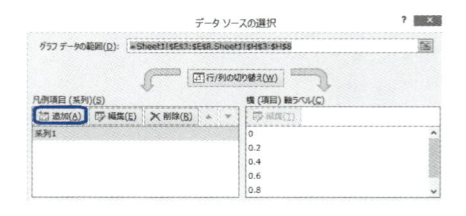

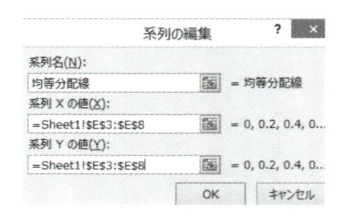

【4】 凡例を表示します。グラフ右上の[グラフ要素]ボタン ＋ をクリック，[凡例]にチェックを入れ，表示された凡例の位置を調整します。図11-2のローレンツ曲線が完成します。

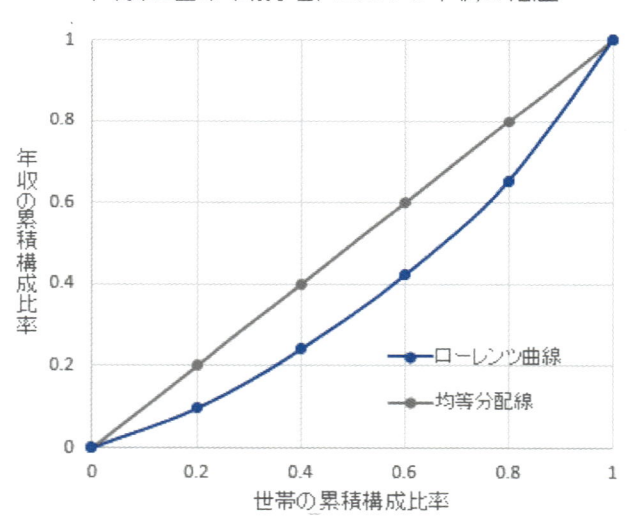

図11-2 年間収入五分位別データ（2011年，二人以上世帯の勤労者世帯）のローレンツ曲線

ステップ2 ジニ係数を計算します。

【1】 まず，ジニ係数の分子にあたる，ローレンツ曲線と均等分配線に挟まれた三日月状の領域の面積を求めます。この領域は，次の①から⑤の，三角形または台形が左に90度倒れた形に分けて考えることができます。

二人以上世帯（勤労者）における年収の格差

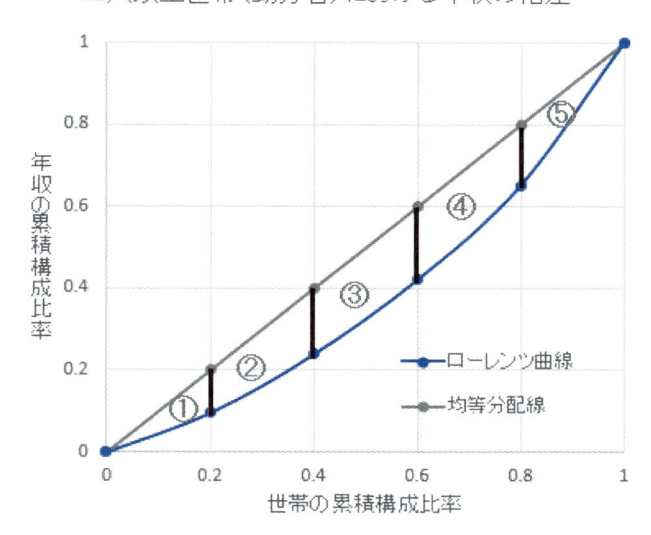

三角形の面積は「底辺×高さ÷2」で，台形の面積は「（上底＋下底）×高さ÷2」で求められます。三角形を「上底の長さが0の，特殊な台形」と考えれば，5つの台形の面積を求め合計すれば三日月状の領域の面積を求めることができます。

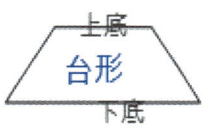

以上のことを踏まえて，ジニ係数を計算するための準備表を作成していきます。

先ほど完成したローレンツ曲線作成のための準備表（表11-4）の右に，「上底・下底の長さ」「三角形・台形の面積」という欄を作ります（表11-5）。

表11-5　ジニ係数計算のための準備表

	A	B	C	D	E	F	G	H	I	J
1						(世帯数の単位:件、年収の単位:万円)				
2		年間収入五分位階級	世帯の度数	世帯の構成比率	世帯の累積構成比率	各世帯の年間収入	年収の構成比率	年収の累積構成比率	上底・下底の長さ	三角形・台形の面積
3					0			0		
4		I	2000	0.2	0.2	328	0.0958784	0.0958784		
5		II	2000	0.2	0.4	489	0.14294066	0.23881906		
6		III	2000	0.2	0.6	624	0.18240281	0.42122186		
7		IV	2000	0.2	0.8	789	0.23063432	0.65185618		
8		V	2000	0.2	1	1191	0.34814382	1		
9		合計	10000			合計	3421		合計	

「上底・下底の長さ」には均等分配線とローレンツ曲線の離れ具合を計算すればよいので，均等分配線の位置を表す世帯の累積構成比率とローレンツ曲線の位置を表す年収の累積構成比率の差を求めます。**I3**に「**=E3-H3**」という数式を入力し，これを下方向にコピーします。

「三角形・台形の面積」に，①から⑤の面積を求めていきます（0番の図形はないので，セルを塗りつぶしています）。「上底・下底の長さ」に，三角形や台形の上底または下底の長さが求まっています。それぞれの図形の高さは，横軸（世帯の累積構成比率）の目盛か

ら，いずれも 0.2 とわかります。J4 に「=(I3+I4)*0.2/2」という数式を入力し，①の面積を求めます。J4 に入力した数式を下方向にコピーし，②から⑤の面積も求めます。

面積を合計します。表 11-6 が完成し，三日月状の領域の面積は 0.118444899 と求まります。

表 11-6 ジニ係数計算のための準備表（完成版）

	A	B	C	D	E	F	G	H	I	J
1									(世帯数の単位:件，年収の単位:万円)	
2		年間収入 五分位階級	世帯の 度数	世帯の 構成比率	世帯の累積 構成比率	各世帯の 年間収入	年収の 構成比率	年収の累積 構成比率	上底・下底の 長さ	三角形・台形 の面積
3					0			0		0
4		I	2000	0.2	0.2	328	0.0958784	0.0958784	0.104121602	0.01041216
5		II	2000	0.2	0.4	489	0.14294066	0.23881906	0.161180941	0.026530254
6		III	2000	0.2	0.6	624	0.18240281	0.42122186	0.178778135	0.033995908
7		IV	2000	0.2	0.8	789	0.23063432	0.65185618	0.148143818	0.032692195
8		V	2000	0.2	1	1191	0.34814382	1	0	0.014814382
9		合計	10000			合計	3421		合計	0.118444899

【2】 次に，ジニ係数の分母にあたる面積を求めます。均等分配線，第 1 横軸，第 2 縦軸に囲まれた領域は一辺が 1 の直角二等辺三角形で，その面積は $1 \times 1 \div 2 = 0.5$ となります。

【3】 【1】の結果（0.118445）と【2】の結果（0.5）より，2011 年の二人以上の世帯のうち勤労者世帯の年間収入五分位別データによる家計の年収に関するジニ係数は，0.2369 となります。

補足ステップ ローレンツ曲線やジニ係数を用いれば，対象としているデータの不均等度を知ることができます。この実習では 2011 年の二人以上世帯のうち勤労者世帯の年収を取り上げて不均等度を見ましたが，同じ年の年間収入であっても，他のタイプでは異なる結果が得られます。表 11-2 を利用して他のタイプのローレンツ曲線やジニ係数も求めてみれば，たとえばジニ係数の値を比較することで，いずれのタイプの格差が大きいかわかります。

なお繰返しになりますが，比較を行う際には「勤労者世帯」が世帯主が働いている世帯すべてを指していないことに注意してください。

「勤労者世帯以外の世帯」は「個人営業世帯」（世帯主が商人，職人，個人経営者の世帯）や「その他の世帯」（世帯主が法人経営者，自由業者，無職）からなっており，大半の世帯主は就業しています。また，就業状態（会社勤めしているか，個人で事業しているか）により，同じ仕事内容であっても勤労者と見なされたりされなかったりすることに留意してください。

「家計調査」は家計の消費実態に関する，歴史のある網羅的な統計調査です。現在の大枠での調査は 1963 年から行われていますが，時代の流れに応じてその調査内容を変えてきました。「農家経済調査」（農林水産省）の中止に伴い，2000 年からは以前は対象でなかった農林漁家世帯を含む調査結果が発表されています。また単身世帯は調査対象として

いませんでしたが，2002年以降，単身世帯の増加に伴い1995年に始まった「単身世帯収支調査」を含みこむ形に調査対象を拡大しました。

家計の形，あり方はいろいろな面で変化しています。核家族化や単身世帯の増加により，世帯人員は減少しており，2011年には総世帯で2.47人（勤労者世帯に限ると2.79人）となりました。

この数字を見て意外に少ないと驚いた人もいるかもしれません。家計調査は標本調査ですので，国勢調査（2010年）の結果（http://www.e-stat.go.jp/SG1/estat/List.do?bid=000001034991&cycode=0 で「世帯の家族類型・世帯主との続き柄」9表）を見て確認してみましょう（表11-7 (a), (b)）。

表11-7 (a) 世帯人員数別に見た世帯数（国勢調査，2010年）

総世帯数	世帯人員数						
	1人	2人	3人	4人	5人	6人	7人以上
51,842,307	16,784,507 (32.4%)	14,125,840 (27.2%)	9,421,831 (18.2%)	7,460,339 (14.4%)	2,571,743 (5.0%)	984,751 (1.9%)	493,296 (1.0%)

表11-7 (b) 各世帯人員数別世帯に含まれる人数（国勢調査，2010年）

総人口	1人世帯	2人世帯	3人世帯	4人世帯	5人世帯	6人世帯	7人以上世帯
125,545,603	16,784,507 (13.4%)	28,251,680 (22.5%)	28,265,493 (22.5%)	29,841,356 (23.8%)	12,858,715 (10.2%)	5,908,506 (4.7%)	3,635,346 (2.9%)

世帯の数としては単身世帯が全体の3分の1近くを占め，最多となっています。その世帯に含まれる人数の比率ではまだ少ないものの（13.4%），核家族化は今後も進展すると思われること，さらに単身世帯の過半数が高齢者であり，今後さらに少子高齢化が進むと予想されること等を考え合わせると，単身世帯の動向にいっそうの注意を払っていく必要があるでしょう。

この章では日本のクロスセクションデータを用いて作業を行いましたが，同時期の他国のデータを入手すれば所得格差の国際比較を行うこともできます。日本の所得格差は近年少しずつ拡大しており，G8諸国で見た場合，現在では，（一貫して格差が大きい）アメリカや（近年格差が急激に大きくなった）イギリスに次いで格差がある状態になっています。機会があれば，これらのデータにもアクセスし，確認してみてください。

日本におけるジニ係数の推移は，日本の時系列データを用いて調べることができます。表11-8は二人以上世帯のうち勤労者世帯について，年間収入五分位階級別に見た平均年間収入の推移を1970年から2010年まで10年ごとに見たものです。2000年以降の値は農林漁家世帯も含んでいます（全体の1%強）ので厳密な比較はできませんが，ジニ係数を用いて格差の推移を見てみましょう。

表 11-8 年間収入五分位階級別に見た平均年間収入の推移（二人以上世帯のうち勤労者世帯）

（年間収入の単位：万円）

		1970	1980	1990	2000	2010
所得階層	I	66	223	332	363	332
	II	94	313	482	546	498
	III	115	387	610	700	632
	IV	142	482	764	880	805
	V	213	719	1130	1303	1190
（参考）	CPI	32.6	77.2	94.5	102.7	100.0

注：CPI は消費者物価指数（総合），基準値（100）：2010 年。

第3部

〈応用編〉
データから，日本経済の動きをとらえよう

第 12 章　データの動きから，日本経済を見よう

第 13 章　寄与度や寄与率から，日本経済の成長要因を知ろう

第12章
データの動きから，日本経済を見よう

■この章で学ぶこと
1. 日本経済の状況を，データを使って，さまざまな角度からとらえてみよう。
2. 日本経済をとらえたデータや情報の入手の方法について知ろう。
3. 経済学の知識が，データから情報を読み取る際にも役立つことを実感しよう。

■キーワード
- ☐ 国内総生産（GDP）
- ☐ 経済成長率
- ☐ 円高（円安）
- ☐ 財政赤字
- ☐ 国債残高
- ☐ 少子高齢化
- ☐ 人口減少

12.1 日本経済の重要課題をデータからとらえよう
―― 経済学と経済データのつながりを知ろう

　これまでの章では，与えられたデータを使って，情報を正しく，漏らさずに取り出すためにはデータをどのようにまとめればよいか学んできました。さまざまなグラフの作成方法や数値指標の計算方法，そしてそれらをどう読み取るか，基本的なツールとその利用法について知識を身につけました。

　残る2章ではそれらのツールを応用して，日本経済の動きを大きく，さまざまな角度からとらえてみましょう。第12章では，12.2で日本経済全体の動きを経済成長や物価，外国為替の動きなどから大きくとらえるとともに，近年話題になることが多い2つの問題，財政赤字と少子高齢化についてそれぞれ 12.3，12.4

で見ていきます。

なお，この章ではツールの内容を理解するのが目的ではありませんので，今までのように課題問題の解法を学ぶという形ではなく，利用する経済指標やデータを入手する方法などについて説明する中で**チェックポイント**（■印の箇所）あるいは「**練習問題**」という形で，データの動きから経済の動きや問題をとらえていく作業について説明します。

12.2 事例 1 データから日本経済の成長ぶりをとらえよう

一つめの事例として，日本経済の動き全体をとらえる際に用いられる，最も基本的な指標である GDP（国内総生産：Gross Domestic Product）について見ていきましょう。

GDP とは，「ある期間に，ある地域で産出されたすべての生産物の付加価値の合計」と定義されます。その地域の経済状態を総合的に表す指標で，景気の指標としてもよく用いられます。

> ■**チェックポイント 1** 国民所得概念には，減価償却（資本減耗），税や補助金，あるいは海外からの移転所得の有無により，GDP 以外にもさまざまな概念があります。整理しておきましょう。
>
> ところで，日本国内での生産を対象とする GDP と日本人が生産した生産物を対象とする GNP（国民総生産：Gross National Product）ではどちらが大きいでしょう。理由も合わせて考えてみましょう。
>
> また，後ほど説明するデータソースで実際の大きさ，違いについて調べてみましょう。

日本の GDP のデータは，内閣府（経済社会総合研究所）において「国民経済計算」として作成が行われています。

はじめに，その時点の貨幣価値で計測された名目 GDP が算出されます（一部，推計を含みます）。続いて，物価の影響を取り除くため GDP デフレータ（後述）で割り引いた，実質 GDP も算出されます。

$$\text{ある期間の実質 GDP} = \frac{\text{その期間の名目 GDP}}{\text{GDP デフレータ}}$$

GDP はその国の経済規模を表す経済指標ですが，その増減率

にあたる**経済成長率**は，景気の動向を把握するのによく用いられます。物価の影響を除いた実質 GDP を用いて計算します。

$$\text{ある期間の（実質）経済成長率} = \frac{（\text{その期間の実質 GDP} - 1\text{期前の実質 GDP}）}{1\text{期前の実質 GDP}}$$

GDP は，四半期ごとの速報値が出た後，推計部分などの見直しが行われ確定値が算出されます。年単位の値で見たとき，現時点で 2011 年度までの確定値が公表されています。

最近の名目 GDP は 1995 年で 501.7 兆円，2000 年で 509.9 兆円，2005 年で 503.9 兆円，2010 年で 482.4 兆円と 500 兆円前後であることを覚えておきましょう。大きな金額を見たときの物差しとして便利です。

> [**注意 1**] 年単位のデータには，**暦年**（calendar year）と**年度**（fiscal year）の 2 種類があります。日本の場合，3 月までを対象とする年度データは決算期を含むため，同じ年の暦年データと比較してかなり値が大きくなります。どちらのデータであるか，気をつけてください。
>
> [**注意 2**] GDP は，非常に重要な経済指標のため，算出・推計のための国際基準が決められており，その基準は時代とともに見直されています。以前は **68SNA** という基準で計算がおこなわれていましたが，現在，**93SNA** に移行中です。このような経緯から，日本の GDP で現在用いることのできるデータは，68SNA 基準で 1955 年から 1998 年まで，93SNA 基準で 1980 年からとなっています（68SNA 基準で計算した GDP を，93SNA 基準で計算しなおす作業が 80 年分までしか終わっていないため）。

物価水準を表す **GDP デフレータ**は指数の形で表されます。**指数**とは，基準の期間の値を 1 と考え，前後の期間の値を相対的に見るとらえ方です。基準年は 5 年ごとに見直されます。このため，GDP デフレータや実質 GDP を表記する際には「基準年は xx 年」（または，xx 年基準）といった言葉が添えられています。なお統計表では，指数の系列が基準値を 100 とする形で表示されていることが少なくありません。見やすさのため本来の値を 100 倍した値が表示されているからです。指標の計算やグラフ作成時に注意しなくてはなりません。

GDPが国際比較に用いられることもあります。この場合，アメリカドルで表示した暦年データが用いられます。これらの国際比較では，国単位の経済の大きさが比較されることもありますが，国民の豊かさ・生活水準の比較をすることもあります。後者では，GDPを人口で割った「国民1人あたりのGDP」が用いられます。為替レートの動きによっては，円で評価した場合と米ドルで評価した場合とでは，GDPの動きが大きく異なることもあり得ます。このとき，私たちの経済に対する実感と海外からの日本経済に対する評価が乖離していることになり，注意が必要です。

■チェックポイント2　最近はニュースなどで「円高」「円安」という言葉をよく聞きます。一度しっかりこれらの言葉を理解しておきましょう。

順に，
（ⅰ）為替レートとは何でしょうか。
（ⅱ）円高とは不正確な表現で，ドルに対する場合「円高ドル安」が正確な表現ですが，では円高ドル安とはどういう状態でしょうか。
（ⅲ）「1ドル＝100円」からどのように為替レートが変化したら，円高でしょうか。
（ⅳ）円高は，輸出や輸入にどう影響するか。その結果，私たちの暮らしにどのような影響があるでしょうか。

について考えてみてください。円安についても同様にします。

　それでは国民経済計算のデータを実際に入手しましょう。内閣府のwebページ（http://www.cao.go.jp）で右のサイドバー「活動・白書等」の欄に「統計情報・調査結果」とあるのでクリックします。内閣府が行っているさまざまな統計調査の結果がリストアップされたページに飛びます。新着情報，景気統計に続いて「国民経済計算（GDP統計）」とありますのでクリックします。開いたページには国民経済計算に関わるさまざまな情報が記載されています。国民経済計算について詳しく知りたいとき，疑問があるときは冒頭の「国民経済計算とは」「よくある質問」をクリックして確認します。

　右のサイドバーによく利用される「四半期別GDP速報」「国民経済計算確報」のリンクボタンがあります。それぞれの説明が掲載されたページが開き，そこで「統計データ一覧」をクリックすればデータリストのページへと飛び，データをダウンロードす

第12章　データの動きから，日本経済を見よう

ることができます。なお，説明には興味がない場合は，右サイドバーの「統計データ」を選択すれば直接データリストのページに飛びます。

> ■チェックポイント3　「国民経済計算確報」の「統計データ一覧」のページを開いてみましょう。[注意2] で説明した基準（68SNAや93SNA）や基準年別にさまざまなデータがリストされ，ダウンロードできるようになっています。

「国民経済計算確報」の「統計データ一覧」（図12-1）で「2010年度国民経済計算確報（2005年基準・93SNA）」を選択します。

そのページの「フロー編」「1．統合勘定」の「1．国内総生産勘定（生産側及び支出側）」を見ると，マクロ経済学の国民所得のところで学ぶ「三面等価の法則」（生産・分配（所得）・支出のいずれの面から見てもその額は等しい）をデータから確認することができます。

図12-1　「国民経済計算確報」の「統計データ一覧」のページ

> ■チェックポイント4　「1.国内総生産勘定(生産側及び支出側)」を掲載した表（22a1_jp.xls）の一部を図12-2に示します。
> 分配国民所得の内容について思い出し，表の上部（1.1から1.6）から国内総生産がどのように分配されているか（生産するために用いた生産要素の対価として支払われているか）確認してください。
> また，表の下部（1.7から1.12）から，国内総生産がどのように

支出されているか，確認しましょう。

支出国民所得は「消費＋投資＋政府支出＋輸出－輸入」と表現されますが，それぞれの項目が国内総生産勘定ではどれにあたるか，2010年度の数値も参考に考えてみましょう。

		A	B
1	1．国内総生産勘定（生産側及び支出側）		
2			
3	（単位：１０億円）		
4			平成22年度
5		項　　目	
6			2010
7	1.1	雇用者報酬(2.4)	244,119.9
8	1.2	営業余剰・混合所得(2.6)	92,432.7
9	1.3	固定資本減耗(3.2)	107,968.4
10	1.4	生産・輸入品に課される税(2.8)	39,865.8
11	1.5	（控除）補助金(2.9)	3,092.2
12	1.6	統計上の不突合(3.7)	-2,090.1
13			
14		国内総生産（生産側）	479,204.6
15			
16	1.7	民間最終消費支出(2.1)	284,192.3
17	1.8	政府最終消費支出(2.2)	95,770.9
18		（再掲）	
19		家計現実最終消費	339,359.9
20		政府現実最終消費	40,603.3
21	1.9	総固定資本形成(3.1)	96,493.9
22		うち無形固定資産	11,268.4
23	1.10	在庫品増加(3.3)	-1,552.1
24	1.11	財貨・サービスの輸出(5.1)	73,802.7
25	1.12	（控除）財貨・サービスの輸入(5.6)	69,503.2
26			
27		国内総生産（支出側）	479,204.6
28			
29		（参考）海外からの所得	18,107.6
30		（控除）海外に対する所得	5,382.5
31		国民総所得	491,929.7

図12-2　国内総生産勘定（生産側及び支出側）

【練習問題12-1】

国民経済計算確報からの図表作成　図12-3のような表の枠組みを準備します。国民経済計算の統計表（国民経済計算確報）ページから「平成２年基準（68SNA）」を選択し，「4．主要系列表」から暦年の名目国内総支出，GDPデフレータの系列をダウンロードし，表にまとめます。1955年から1998年までのデータがあります。また総務省の「統計データ」「日本の長期統計系列」のページ（http://www.stat.go.jp/data/chouki/）で「第18章　貿易・国際収支・国際協力」を選択し，「18-8　外国為替相場」表をダウンロードし各年末の対米ドルの為替レートを表にまとめます。

この表を用いて，

(1) 実質GDPを計算しましょう（GDPデフレータは基準年が100であることに注意してください）。

第 12 章　データの動きから，日本経済を見よう

年	名目GDP 単位：10億円	実質GDP 単位：10億円	実質成長率	GDPデフレータ	為替レート （対米ドル） 単位：円	米ドルで評価した 実質GDP 単位：百万ドル
1955	8,369.5			17.8	360.00	
1956	9,422.2			18.6	360.00	
1957	10,858.3			20.1	360.00	
1958	11,538.3			19.9	360.00	
1959	13,190.3			20.9	360.00	
1960	16,009.7			22.3	360.00	
1961	19,336.5			24.1	360.00	
1962	21,942.7			25.2	360.00	
1963	25,113.2			26.5	360.00	
1964	29,541.3			28.0	360.00	
1965	32,866.0			29.5	360.00	
1966	38,170.0			31.1	360.00	
1967	44,730.5			32.8	360.00	
1968	52,974.9			34.7	360.00	
1969	62,228.9			36.4	360.00	
1970	73,344.9			38.9	360.00	
1971	80,701.3			41.1	308.00	
1972	92,394.4			43.4	308.00	
1973	112,498.1			48.9	308.00	
1974	134,243.8			59.0	308.00	
1975	148,327.1			63.3	308.00	
1976	166,573.3			68.3	308.00	
1977	185,622.0			72.9	308.00	
1978	204,404.1			76.3	234.00	
1979	221,546.6			78.4	206.00	
1980	240,175.9			82.7	242.00	
1981	257,962.9			86.1	210.00	
1982	270,600.7			87.6	233.00	
1983	281,767.1			89.1	237.00	
1984	300,543.0			91.5	231.00	
1985	320,418.7			93.4	254.00	
1986	335,457.2			95.1	185.00	
1987	349,759.6			95.2	151.00	
1988	373,973.2			95.8	127.00	
1989	399,998.3			97.8	130.00	
1990	430,039.8			100.0	150.00	
1991	458,299.1			102.7	135.00	
1992	471,020.7			104.5	130.00	
1993	475,381.1			105.1	118.00	
1994	479,260.1			105.3	107.00	
1995	483,220.2			104.6	93.00	
1996	500,309.7			103.1	106.00	
1997	509,645.3			103.4	120.00	
1998	498,499.3			103.7	130.00	

図 12-3　さまざまな角度から見た GDP（一部，数値を貼り付けた状態）

(2) 実質経済成長率を求めましょう。

(3) 米ドルで評価した実質 GDP を計算しましょう。日本の GDP 統計は 10 億円単位で示されますが，アメリカでは 100 万ドル単位が使われますので，計算結果は 100 万ドル単位で表示します。

(4) 名目 GDP と実質 GDP を 1 つのグラフに折れ線で表示し，その動きについて考察しましょう。

■チェックポイント 5　2 本の折れ線は 1990 年で交わっていますが，これはなぜか，考えましょう。

(5) 実質経済成長率の折れ線グラフを描き，その動きについて考察しましょう。

■**チェックポイント 6**　特徴的な動きが見られた年についてはその理由や背景について調べましょう。逆に，大きな出来事のあった年（たとえば，石油ショック，バブル崩壊など）の経済成長率の動きを確認しましょう。

(6) 対米ドルの為替レートの折れ線グラフを描きましょう。動きについて考察しましょう。

　特に大きな動きが見られた年，期間についてはその理由や背景について調べましょう。たとえば，1950，60 年代の為替レートは 360 円です。これはなぜでしょうか。また，1985 年から 86 年にかけて極端な円高現象が起こっています。どんな理由によるのでしょうか。

(7) 米ドルで評価した日本の実質 GDP の折れ線グラフを描き，その動きについて考察しましょう。

■**チェックポイント 7**　日本円で評価した日本の実質 GDP の折れ線グラフと比較し，動きに違いが見られる年には何が起きているでしょうか。米ドルで評価した日本の実質 GDP の動きは何を示しているでしょうか。考えてみましょう。

12.3　事例 2　データから財政の現状について知ろう

　12.2 では内閣府の web ページから国民経済計算に関するデータを入手し，国民所得に関してさまざまな角度から考察を行いました。省庁などの公的機関では管轄する分野に関わる統計データの公開に加え，それらや自身が行ったアンケート調査等を用いた分析の報告書，白書なども公開しています。その時々に重要な事項をテーマに取り上げることも多く，うまく活用すればさまざまな知見が得られます。

　最近，国の財政について「財政赤字」が話題になり，心配されることが少なくありません。財務省によれば「2012 年度末の国の借金残高は 991.6 兆円にのぼり，13 年度末には 1,000 兆円を超える見通し」です。穏やかな話ではありませんが，国の借金とは何でしょうか，なぜそんなに借金がかさんでしまったのでしょうか。そもそも，国の財政とはどのようなものなのでしょうか。

　本節では，財務省が作成した「**日本の財政関係資料**（平成 24

第 12 章　データの動きから，日本経済を見よう

年 9 月）」を用いて，国の財政の現状，動きについて見ていきます。この資料は，財務省の web ページ（http://www.mof.go.jp/）から「**予算・決算（国のお金の使い道）**」，「**わが国の財政状況**」「**日本の財政関係資料**」と進むことで入手できます。

　さて，国をはじめとする公共機関は，私たちの暮らしをよくするために，さまざまな政策を行っています。政策を行うにはお金が必要ですが，その活動は**予算**に従って行われます。国の場合，毎年，各省庁は来年度の政策方針を決め 8 月末から 9 月の初めに概算要求（予算編成のために，各省庁が自身の行いたい政策に必要な予算額を財務省に示すこと）を行います。その後，各要求の査定が行われ，年末ごろに予算の原案ができあがります。さらに，修正交渉（復活折衝），国会での審議を経て，来年度の予算が決まっていきます。

> [**予算**] ある年度の収入や支出に関し，あらためてたてた見積もり。財政活動は，原則として予算の範囲内で行います。しかし，たとえば東日本大震災という想定外の天災が起こり多額の復興費用が必要となった場合，予算の額を変更したければ補正予算を組み，その内容が国会で審議了承される必要があります。

　予算や，予算に基づき行動した結果である決算を見ると，日本の現在の状況や，日本が今後どのような方向へ進もうとしているのかを知ることができます。今日は国の財政（**一般会計予算**）データをグラフや表にまとめ，その動きについて見ていきます。

　国の収入のことを「**歳入**」，支出のことを「**歳出**」と言います。それでは次の手順で，国の財政について見ていきましょう。

(1) 歳入や歳出はどのような内訳になっているのでしょうか。どれくらいの規模（金額）でしょうか。

(2) 歳入額やその主要な項目はどのように推移してきたのでしょうか。

(3) 歳出額の主要な項目はどのように推移してきたのでしょうか。

(4) 国の借金が問題になるとき取り上げられるのが「国債」（公債）です。国債の発行高，累積発行高はどれくらいでしょうか。

(5) 財政の問題に悩むのは日本ばかりではありません。他の先進諸国と状況の比較をしてみましょう。

【練習問題 12-2】

国の一般会計の歳入および歳出の内訳　表 12-1 は 2012 年 4 月 5 日に成立した平成 24 年度当初予算の一般会計の歳入や歳出の内訳金額を示しています。表を完成させ，歳入，歳出それぞれの円グラフを作成しましょう。表やグラフからわかることを考察しましょう。

■**チェックポイント 8**　主な租税にはどのようなものがあるでしょうか。ここでは国税が対象であることに注意して，その名称や内容（誰が何に関して担うか），金額などについて調べてみましょう。

■**チェックポイント 9**　歳入に「公債金収入」，歳出に「国債費」とあります。両者の違いがわかるようにその内容を説明してください。

表 12-1　一般歳入・歳出の内訳

歳　　入	金額（単位：億円）	その比率
租税および印紙収入	423,460	
その他の収入	37,439	
公債金収入	442,440	
一般会計歳入総額	903,339	

歳　　出	金額（単位：億円）	その比率
国債費	219,442	
地方交付税交付金等	165,940	
社会保障	263,901	
公共事業	45,734	
文教および科学振興	54,057	
防衛	47,138	
その他*	107,127	
一般会計歳出総額	903,339	

＊食料安定供給、中小企業対策、エネルギー対策、恩給、経済協力、経済危機対応・地域活性化予備費など

【練習問題 12-3】

国の一般会計における歳入内訳の推移　表 12-2 は 1985 年から 2012 年までの一般会計歳出と，それを担うための歳入の主要 2 項目税収と公債金収入の推移を示しています（2011年度までは年度末における実績値，2012 年度は予算に基づく値）。

　3 つの項目の動きを 1 つのグラフに表しましょう。すべて折れ線グラフでもいいのですが，その方がよりインパクトが強くなるため，問題になる公債金収入は棒グラフで表します。軸をどう対応させるか（主軸だけにするか第 2 軸も使うか，第 2 軸も使う場合どの項目を第 2 軸に対応させるか，など）に気をつけて見やすいグラフを作成してみましょう。グラフからどのようなことがわかるでしょうか。

■**チェックポイント 10**　2009 年，2011 年の公債発行高は他の年と比べて多いようです。どういう理由からでしょうか。

表 12-2 一般会計における歳出と歳入内訳の推移

(単位：兆円)

年度	一般会計歳出総額	一般会計歳入のうち 税収	公債発行額
1985	53.0	38.2	12.3
1986	53.6	41.9	11.3
1987	57.7	46.8	9.4
1988	61.5	50.8	7.2
1989	65.9	54.9	6.6
1990	69.3	60.1	7.3
1991	70.5	59.8	6.7
1992	70.5	54.4	9.5
1993	75.1	54.1	16.2
1994	73.6	51.0	16.5
1995	75.9	51.9	21.2
1996	78.8	52.1	21.7
1997	78.5	53.9	18.5
1998	84.4	49.4	34.0
1999	89.0	47.2	37.5
2000	89.3	50.7	33.0
2001	84.8	47.9	30.0
2002	83.7	43.8	35.0
2003	82.4	43.3	35.3
2004	84.9	45.6	35.5
2005	85.5	49.1	31.3
2006	81.4	49.1	27.5
2007	81.8	51.0	25.4
2008	84.7	44.3	33.2
2009	101.0	38.7	52.0
2010	95.3	41.5	42.3
2011	100.7	42.8	54.0
2012	90.3	42.3	44.2

【練習問題 12-4】

国の一般会計における歳出内訳の推移　表 12-3 は 1965 年からほぼ 10 年おきに主要な 5 つの歳出項目の推移を示しています。5 つの項目の動きを 1 つのグラフに表しましょう。すべての動きを折れ線で表示します。グラフからどのようなことがわかるでしょうか。その背景を考えたり，今後の動きに関する予想を行ったりしてみましょう。

■チェックポイント 11　各項目の内容についても把握しておきましょう。たとえば，社会保障費は大きく 4 つの分野をカバーしていますが，その 4 つは何でしょうか。地方交付税交付金等とは何をする費用でしょうか。

表 12-3　一般会計における歳出内訳の推移

(単位：億円)

年度	国債費	地方交付税交付金等	社会保障関係費	文教・科学振興費	公共事業関係費
1965	220	7,162	5,164	4,757	6,886
1975	10,394	44,086	39,269	26,401	29,095
1985	102,242	96,901	95,736	48,409	63,689
1995	132,213	132,154	139,898	60,777	92,406
2005	184,422	160,889	203,808	57,235	75,310
2012	219,442	165,940	263,901	54,057	45,734

【練習問題 12-5】

公債残高と公債依存度の推移　表 12-4 は 1985 年から 2012 年までの公債残高と公債依存度を示しています（2010 年度までは年度末における実績値，2011，2012 年度は予算に基づく値）。公債残高を棒グラフ（主軸）で，公債依存度を折れ線グラフ（第 2 軸）で表す複合グラフを描き，公債に関わる状況について調べてみましょう。

表 12-4　公債残高と公債依存度の推移

年度	公債依存度（単位:%）	公債残高（単位:兆円）
1985	23.2	134.4
1986	21.0	145.1
1987	16.3	151.8
1988	11.6	156.8
1989	10.1	160.9
1990	10.6	166.3
1991	9.5	171.6
1992	13.5	178.4
1993	21.5	192.5
1994	22.4	206.6
1995	28.0	225.2
1996	27.6	244.7
1997	23.5	258.0
1998	40.3	295.2
1999	42.1	331.7
2000	36.9	367.6
2001	35.4	392.4
2002	41.8	421.1
2003	42.9	457.0
2004	41.8	499.0
2005	36.6	526.9
2006	33.7	531.7
2007	31.0	541.5
2008	39.2	545.9
2009	51.5	594.0
2010	44.4	636.0
2011	51.9	670.0
2012	49.0	709.0

【練習問題 12-6】

債務残高の国際比較　表 12-5 は 1997 年から 2011 年までの G7 諸国の債務残高の GDP 比を示したものです（出典は OECD／エコノミック・アウトルック 91，2012 年 6 月。数値は一般政府（中央政府，地方政府，社会補償基金を合わせた）ベース）。これを折れ線グラフで表示し，各国の債務残高の状況を比較してみましょう。

表 12-5　債務残高の国際比較

（単位:%）

年	日本	アメリカ	イギリス	ドイツ	フランス	イタリア	カナダ
1997	102.0	67.4	52.0	60.4	68.9	129.6	96.3
1998	115.0	64.2	52.5	62.3	70.4	131.8	95.2
1999	128.9	60.5	47.4	61.8	66.9	125.7	91.7
2000	137.5	54.5	45.2	60.8	65.7	120.8	82.4
2001	144.6	54.4	40.4	60.1	64.3	120.1	82.9
2002	153.4	56.8	40.8	62.5	67.5	118.8	80.8
2003	158.2	60.2	41.5	65.9	71.7	116.3	76.8
2004	166.2	68.0	43.8	69.3	74.1	116.8	72.8
2005	169.5	67.6	46.4	71.9	76.0	119.4	71.8
2006	166.8	66.4	46.0	69.8	71.2	116.7	70.4
2007	162.4	67.0	47.2	65.6	73.0	112.1	66.7
2008	171.2	75.9	57.4	69.8	79.3	114.6	71.2
2009	188.8	89.7	72.4	77.4	91.2	127.7	82.4
2010	192.7	98.3	81.9	86.8	95.8	126.5	84.0
2011	205.5	102.7	97.9	87.2	100.1	119.7	83.8

12.4　事例3　データから少子高齢化の現状について知ろう

　省庁以外にもデータの収集を行い，論文や報告書を作成し，それらを発表している機関は数多くあります。この節では，厚生労働省に設置された国立の政策研究機関である国立社会保障・人口問題研究所が発表した「日本の将来推計人口」（平成24年1月推計）を用いて，日本の人口の状況を把握してみましょう。

　近年，「少子高齢化」という言葉をよく耳にします。日本の人口では「少子化」「高齢化」の2つの現象が同時に，それも世界でも類を見ないほど急激に進行したため，さらに現在も進行しているため，経済や社会にさまざまな問題が生じています。

> ■チェックポイント12　少子化や高齢化により経済や社会にはどのような影響が生じると考えられるでしょうか。さまざまな文献を調べ，整理してみましょう。

　医療の進歩，食生活の改善などから日本は世界有数の長寿国となっています。総務省統計局の発表によれば，65歳以上の高齢者人口（2012年9月15日発表）は3,074万人で，総人口比24.1％に達しました。今後も「団塊の世代」と呼ばれる人口の多い世代が65歳に達するため，その数や比率は増加・上昇し続けると予想されています。一方，子どもの数は減り続けています。毎年「こどもの日」にちなんで4月1日付で推計される人口では，2013年の15歳未満の子どもの人口は1,649万人（総人口比12.9％）で，32年連続減少し，統計を取り始めた1950年以降の最低を更新しました。

> ■チェックポイント13　少子化の原因は下で検討する出生率だけではありません。それ以外にどのような原因があるでしょうか。先入観にとらわれず，さまざまな文献を調べ，整理してみましょう。

　参考のため，内閣府の「子ども・子育て白書（平成24年版）」に掲載されている「出生数及び合計特殊出生率の年次推移」を見てみましょう（図12-4）。この白書は内閣府政策統括官（共生社会政策担当）のwebページ（http://www.cao.go.jp/）で右サイドバーの「活動・白書等」「白書・年次報告書等」を選択する

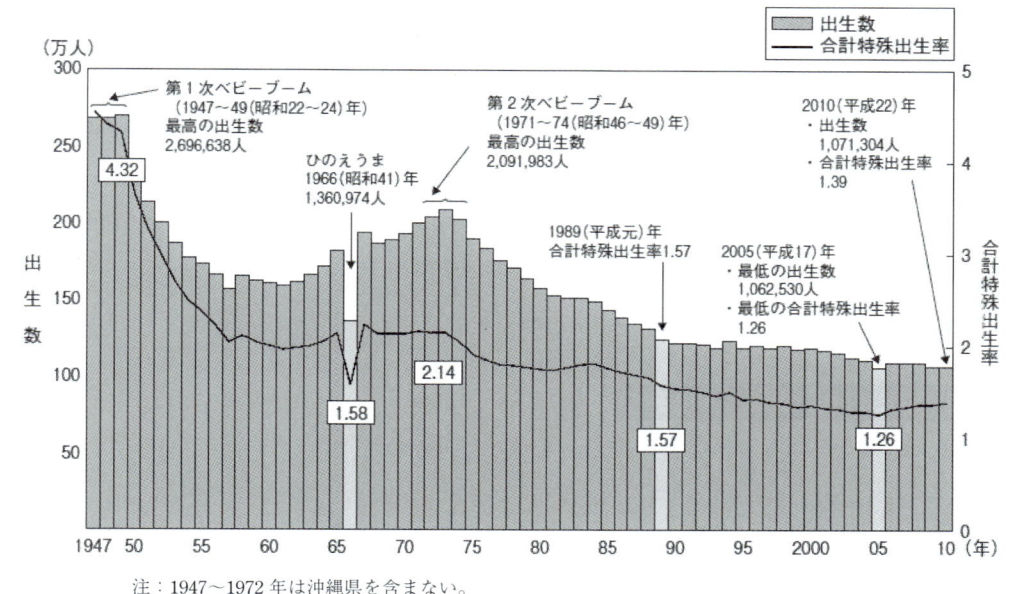

注：1947～1972 年は沖縄県を含まない。
資料：厚生労働省「人口動態統計」(2010 年)
出所：内閣府「子ども・子育て白書（平成 24 年版）」第 1 部第 2 章第 1 節第 1-2-1 図

図 12-4　出生数及び合計特殊出生率の年次推移

とすぐに見つけることができます。また，重要な政策であるため「子ども・子育て支援」については関連する情報をまとめた独立ページ（http://www8.cao.go.jp/shoushi/）が作成されており，そこから「公表資料の紹介」「子ども・子育て白書」を選択しても読むことができます。

■チェックポイント 14　　図 12-4 から，人口を維持していくのに必要な合計特殊出生率は 2.1 程度と思われますが，長年にわたり出生率の低い状態が続いていることがわかります。現在の出生率，出生率の推移，大きな動きが見られたときの原因などについて把握しておきましょう。

　人口問題に対応していくには，まず，過去の人口の推移を把握したりその原因を解析したりすることが重要です。同時に，それら把握した結果をもとに将来の予測を行い，そのことも踏まえて対策を取っていく必要があります。
　過去の人口に関する情報は，総務省統計局が 10 年に一度行う「国勢調査」から得ることができます。また，人口に関わるデータの取りまとめや将来推計は，厚生労働省に設置された「国立社会保障・人口問題研究所」が行っています。なるべく正確な予測

第12章 データの動きから，日本経済を見よう

を行うために，今後予測される出生率と死亡率については3つの仮定（中位，高位，低位）を設けて推計が行われています。

国立社会保障・人口問題研究所のwebページ（http://www.ipss.go.jp），下方のリンクボタンから「**将来推計人口・世帯数**」を選びクリック，「**日本の将来推計人口（全国）**」を選択すると，2012年1月に推計が行われた，2060年までの「日本の将来推計人口」報告書を閲覧できます。

【練習問題 12-7】

少子高齢化の推移，現状と将来予測　表 12-6 は 1960 年から 2060 年までの人口の推移・将来予測を，5年ごとに見たものです。将来予測は出生率中位・死亡率中位の数値を用いています。

総人口を年齢により，**年少人口**（0歳から14歳），**生産年齢人口**（15歳から64歳），**老年人口**（65歳以上）に3区分して見ています。なお年少人口と老年人口を合わせて，**従属人口**と呼びます。

(1) 総人口および各年齢層の総人口に占める比率を計算し，表を完成させましょう。
(2) 年（**B**列），各年齢層の人口（**D**列から**F**列）を選択し，年齢別人口の推移を表す積み上げ縦棒グラフを作成しましょう。作成されたグラフを考察しましょう。

表 12-6　年齢（3区分）別人口とその割合（一部，未完成）

	A	B	C	D	E	F	G	H	I
1									
2				人　口（千人）			割　合（％）		
3		年　次	総　数	0〜14歳	15〜64歳	65歳以上	0〜14歳	15〜64歳	65歳以上
4		1960		28,067	60,002	5,350			
5		1965		25,166	66,928	6,181			
6		1970		24,823	71,566	7,331			
7		1975		27,221	75,807	8,865			
8		1980		27,507	78,835	10,647			
9		1985		26,033	82,506	12,468			
10		1990		22,486	85,904	14,895			
11		1995		20,014	87,165	18,261			
12		2000		18,472	86,220	22,005			
13		2005		17,521	84,092	25,672			
14		2010		16,839	81,735	29,484			
15		2015		15,827	76,818	33,952			
16		2020		14,568	73,408	36,124			
17		2025		13,240	70,845	36,573			
18		2030		12,039	67,730	36,849			
19		2035		11,287	63,430	37,407			
20		2040		10,732	57,866	38,678			
21		2045		10,116	53,531	38,564			
22		2050		9,387	50,013	37,676			
23		2055		8,614	47,063	36,257			
24		2060		7,912	44,183	34,642			

データの出所：2010 年までは，総務省統計局『国勢調査報告』『日本長期統計総覧』および『人口推計年報』による10月1日現在人口。1970年以前は沖縄県を含まない。2015年以降の値は，国立社会保障・人口問題研究所による出生中位，死亡中位の推移を仮定した予測値（「日本の将来推計人口（平成24年1月推計）」，http://www.ipss.go.jp/syoushika/tohkei/newest04/sha2401top.html）。

■チェックポイント 15　総人口の推移，各年齢層の人口の推移について丁寧に観察しましょう。その動きを，具体的に時期や数字をあげて説明してみましょう。

(3) 年（B列）と各年齢層の人口の割合（G列からI列）を選択し，年齢別人口の割合の推移を表す100％積み上げ縦棒グラフを作成しましょう。作成されたグラフを考察しましょう。

■チェックポイント 16　各年齢層の人口の割合の変化について丁寧に観察しましょう。その動きを，具体的に時期や数字をあげて説明してみましょう。たとえば，高齢者が総人口の7％を超えた社会を高齢化社会，さらに14％を超えると高齢社会，20％を超えると超高齢社会と呼びますが，日本がそれらの状態に達したのはいつのことか，確認してみましょう。

■チェックポイント 17　(2) や (3) で行った考察から，日本の少子高齢化についてわかったことをまとめてみましょう。
　少子高齢化は日本だけで起こっている現象ではありませんが，日本の現状はかなり深刻です。他国の状況も調べ，比較してみましょう。

■チェックポイント 18　日本における少子化の原因，現在行われている対策を踏まえたうえで，他国の対策も調べてみましょう。少子化をうまく克服した（しつつある）国はあるでしょうか。日本に取り入れられそうな政策はあるでしょうか。調べてみましょう。

■チェックポイント 19　高齢化による影響から，今後どのような政策を行っていく必要があるか，考えてみましょう。

第13章
寄与度や寄与率から，日本経済の成長要因を知ろう

■この章で学ぶこと
1. ある構成要素の影響度に関する寄与度や寄与率について知ろう。
2. 全体の増減率と各構成要素の寄与度を表す複合グラフを描こう。

■キーワード
☐ 寄与度
☐ 寄与率
☐ 経済成長率
☐ 民間需要
☐ 公的需要
☐ 外国需要

13.1 寄与度や寄与率を用いて，日本経済を支えている経済活動について知ろう

　　第12章では日本経済の動きを，国民総生産や経済成長率の動きから大きくとらえてみました。ところで，12.2でも見ましたが，国民所得は支出面で見ると，消費や投資などいくつかの項目に分かれています。経済の動き（景気）はそれらの動きの総合的な結果として生じますが，それはどの項目が伸びた（伸び悩んだ）結果なのでしょうか，各項目の影響の大きさはどれくらいなのでしょうか。

　　寄与度や寄与率を求めれば，いくつかのパーツから構成される事柄について，全体の動きが各パーツの動きによりどれくらい影響されているかを示すことができます。この章では，寄与度や寄与率を用いて，ある時点の日本経済がどの経済主体のどのような経済活動に支えられてきたかについて見ていきます。

　　まず，寄与度と寄与率について，GDPを例にして説明してい

きます。

　GDPは支出面から考えると，どこで行われたか（国内か外国とのやりとりでか），どういった主体の行動結果であるかから，次のように分けて考えることができます。

> 国内総生産＝国内総支出
> 　　　　　＝消費＋投資＋政府支出＋輸出－輸入
> 　　　　　＝（国内の）民間需要＋（国内の）公的需要
> 　　　　　　＋外国需要

　つまり，国内総生産は**民間需要**（家計や企業の行動），**公的需要**（政府の活動），**外国需要**（外国との貿易）の3つの部分に分けて考えられます。

　GDPの増減率が**経済成長率**です。では，それぞれの年の経済成長は3つの要因（民間需要，公的需要，外国需要）がどのように影響してその値になったのでしょうか。景気が良い（悪い）とき，どの要因が貢献した（足を引っ張った）のでしょうか。その影響の大きさはどれくらいでしょうか。

　このような疑問に答えるのが「**寄与度**」です。寄与度は，あるデータがいくつかの部分に分かれるとき，データ全体の変化（増減）に対し，各構成要素の変化（増減）がどのように影響しているか，どれだけ増減させるかを示す指標です。次のように定義されます。

$$\text{ある構成要素の寄与度} = \frac{\text{ある構成要素の増減}}{\text{前期のデータ全体の値}}$$

　たとえば，民間需要の寄与度は，経済成長率に対し民間需要がどれだけ貢献（影響）したかを表す指標で，「(今期の民間需要－前期の民間需要)/前期のGDP」を計算して求めます。公的需要や外国需要についても，同様に求めることができます。

　寄与度の単位には注意が必要です。増減率や経済成長率の単位は％表示します。一方，たとえば全体の伸びが5％で「Aが3％分，Bが1％分，Cが1％分貢献した」とき，寄与度は波線を引いた数字にあたりますが。％表示されている成長率の何ポイント分を貢献したか表す数字ですので，その単位は「**％ポイント**」とします。

　　　[注意] たとえば，3％だった消費税の税率が5％に上がったとき，消費税率は2％ポイント上がっています。2％の上昇では

ありませんので，注意してください（$1.03 \times 1.02 = 1.0506$ となり，1.05 になりません）。

各項目の寄与度の合計は，データ全体の増減率と一致します。また，ある項目の寄与度は，その項目の伸び率と1期前の全体に占める構成比を掛け合わせた物にもなるので，同じ伸び率なら構成比の大きな項目の，同じ構成比なら伸びの大きな項目の貢献が大きくなります。

簡単な数式を用いた説明もしておきましょう。データ全体（X）が3つの部分（A, B, C）に分かれるとします。ある期（t 期とします）の X の増減率は $\dfrac{X_t - X_{t-1}}{X_{t-1}}$ と定義されます。一方，各項目の寄与度の和は，

$$\frac{A_t - A_{t-1}}{X_{t-1}} + \frac{B_t - B_{t-1}}{X_{t-1}} + \frac{C_t - C_{t-1}}{X_{t-1}}$$
$$= \frac{(A_t + B_t + C_t) - (A_{t-1} + B_{t-1} + C_{t-1})}{X_{t-1}} = \frac{X_t - X_{t-1}}{X_{t-1}}$$

となり，各項目の寄与度の合計とデータ全体の増減率が等しいことがわかります。また，A の寄与度は，

$$\frac{A_t - A_{t-1}}{X_{t-1}} = \frac{A_t - A_{t-1}}{A_{t-1}} \times \frac{A_{t-1}}{X_{t-1}}$$

と書き直すことができますから，ある項目 A の t 期の寄与度は，A の t 期の増減率と1期前（$t-1$ 期）の A が全体に占める構成比を掛け合わせた値であることがわかります。

ところで，全体の伸び率（ここでは経済成長率）は毎期変わります。その値の大小に左右されないよう，寄与度を構成比の視点から見た値を「寄与率」と呼びます。寄与率は，データ全体の増減に対するある構成要素の増減の比率と定義され，その値は，各項目の寄与度がデータ全体の増減率に占める割合にあたります。

$$\text{ある構成要素の寄与率} = \frac{\text{ある構成要素の増減}}{\text{データ全体の増減}}$$
$$= \frac{\text{ある構成要素の寄与度}}{\text{データ全体の増減率}}$$

このことは，数式で表すと，構成要素 A の寄与率 $\dfrac{A_t - A_{t-1}}{X_t - X_{t-1}}$ が，

$$\frac{A_t - A_{t-1}}{X_{t-1}} \times \frac{X_{t-1}}{X_t - X_{t-1}} = \frac{A_t - A_{t-1}}{X_{t-1}} \div \frac{X_t - X_{t-1}}{X_{t-1}}$$

と書き直せることにあたります。

データ全体の増減率に経済成長率，ある構成要素の寄与度として順に民間需要，公的需要，外国需要の寄与度を代入して計算すれば，民間需要，公的需要，外国需要の寄与率を求めることができます。

以上，GDP を需要項目別にとらえるケースを例に説明を行いましたが，寄与度や寄与率の考え方は分野に限らず，全体をいくつかのパーツに分けて考えられる場面やデータに適用することができます。たとえば，経済全体の成長を見たのち，産業別に見てどの産業の貢献が大きいか，どの産業がブレーキになっているかなどの分析にも応用できます。

13.2　例題 12　寄与度や寄与率を求めよう

表 13-1 は，内閣府の web ページから入手した 1994 年から 2010 年までの実質国内総支出（2005 年基準・93SNA）とその内訳にあたる 3 つの需要項目の推移です。

表 13-1　実質国内総支出とその内訳

	A	B	C	D	E	F
1						（単位：10億円）
2		年	国内総支出	民間需要	公的需要	外国需要
3		1994	446779.9	341050.5	109404.4	-3675.0
4		1995	455457.9	349086.4	112243.1	-5871.6
5		1996	467345.6	359452.5	116763.7	-8870.6
6		1997	474802.7	365047.6	114158.7	-4403.6
7		1998	465291.7	354637.0	113177.2	-2522.5
8		1999	464364.2	349884.6	117517.0	-3037.4
9		2000	474847.2	358635.3	117726.0	-1514.1
10		2001	476535.1	362415.8	119732.5	-5613.2
11		2002	477914.9	359398.9	120333.5	-1817.5
12		2003	485968.3	365337.0	119288.1	1343.2
13		2004	497440.7	373486.3	118575.9	5378.5
14		2005	503921.0	380102.4	116724.9	7093.7
15		2006	512451.9	385616.4	115523.9	11311.6
16		2007	523685.8	391757.8	115127.1	16800.9
17		2008	518230.9	387075.3	113430.4	17725.2
18		2009	489588.4	363506.0	116871.7	9210.7
19		2010	511302.2	374615.6	118918.0	17768.6

この値を用いて，

(1)　経済成長率，各需要項目の寄与度を計算してください。単位はそれぞれ，%，%ポイントとし，それぞれ小数第2位まで表示します。

(2)　各需要項目の寄与率を計算してください。単位は%，小数第2位まで表示します。

(3)　この期間の経済成長率と寄与度のグラフを作成してください。経済成長率は折れ線，寄与度は棒グラフで表示しましょう。2軸を使って見やすいグラフを作成しましょう。

(4)　得られた表やグラフから，この期間の経済の動きについて特徴をとらえてみましょう。また，成長率の伸び（または落ち込み）が，寄与度や寄与率から見て，3つの需要項目のいずれによると考えられるか，考えてみましょう。

【例題12の解法】

ステップ1　表13-1の情報を加工し，まず実質経済成長率（実質GDPの増減率），そして各需要項目の寄与度を求めていきます。

【1】　図13-1に示したような表の枠組みを準備します。成長率も寄与度も，前年との差を求めて計算を行いますので，計算される指標の期間は1995年からと，元のデータより1年短くなることに注意してください。

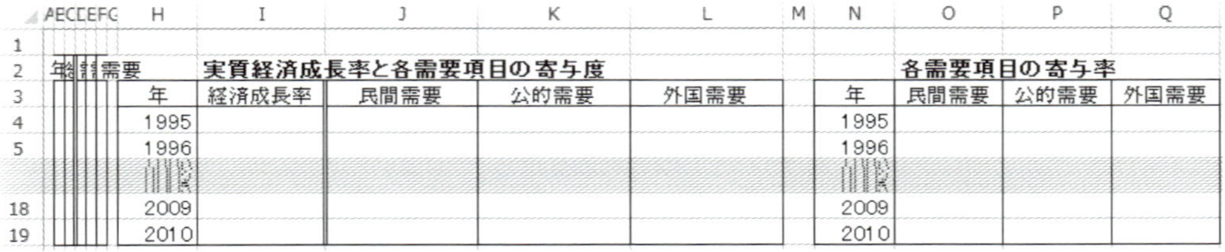

実質経済成長率と各需要項目の寄与度

年	経済成長率	民間需要	公的需要	外国需要
1995				
1996				
2009				
2010				

各需要項目の寄与率

年	民間需要	公的需要	外国需要
1995			
1996			
2009			
2010			

図13-1　成長率，寄与度と寄与率の準備表（表13-1に表示した部分等は省略）

【2】　I列に実質経済成長率を計算します。経済成長率の定義から「(ある年のGDP－前年のGDP)÷前年のGDP」を計算します。I4のセルを選択し「+(C4-C3)/C3」という数式を入力し，下方向にコピーします。単位を小数第2位までの%表示にします。

【3】　ある需要項目Aの寄与度は「(ある年のA－前年のA)÷前年のGDP」と定義されます。J4を選択し「+(D4-D3)/C3」という数式を入力します。この数式を下方向にコピーすると他の年の民間需要の寄与度が計算されますが，公的需要や外国需要の寄与度を計算するために右方向にコピーするには，常に前年のGDPで割るために分母はC列で固定する必要があります。「+(D4-D3)/$C3」と数式を加工し，下方向，右方向にコピーし，各需要項目の寄与度を計算します。

【4】　寄与度の単位を「%ポイント」としたいのですが，デフォルトではこの単位表示はありません。それならば，自分で作成（**ユーザー定義**）してみましょう。

寄与度の領域（**J4:L19**）をマウスで選択し，[ホーム]タブ[数値]グループの右下隅にある**ダイアログボックスランチャー**をクリックします。[セルの書式設定]ダイアログボックスが表示されますので，[分類]で[ユーザー定義]を選びます。すべて手動で入力してもよいのですが，手間を省くため[種類]で入力したい単位に近いものを探し選択します（ここでは小数第2位まで表示した％表示，**0.00%**を選択）。足りない部分（ここでは「ポイント」）を手動で入力し[OK]で確定すると，単位が変更されます（もしセル内が「**######**」と表記されたら，表示領域が狭いため表記できないことを示していますので，セルの幅を広げてください）。

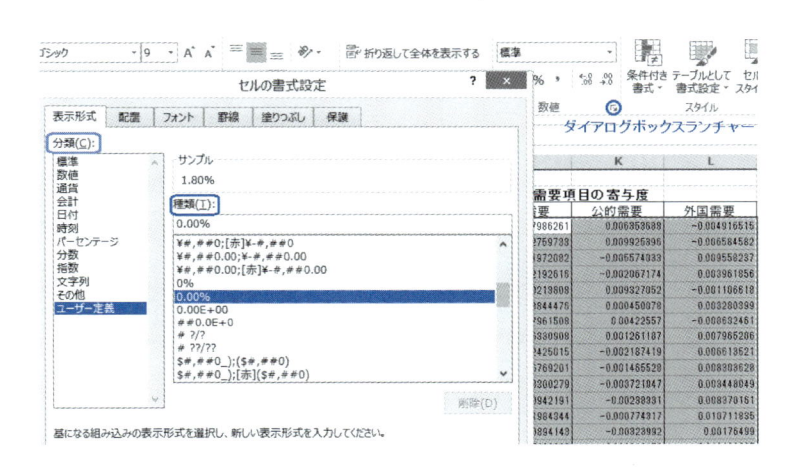

	H	I	J	K	L
2		実質経済成長率と各需要項目の寄与度			
3	年	経済成長率	民間需要	公的需要	外国需要
4	1995	1.94%	1.80%ポイント	0.64%ポイント	-0.49%ポイント
5	1996	2.61%	2.28%ポイント	0.99%ポイント	-0.66%ポイント
6	1997	1.60%	1.20%ポイント	-0.56%ポイント	0.96%ポイント
7	1998	-2.00%	-2.19%ポイント	-0.21%ポイント	0.40%ポイント
8	1999	-0.20%	-1.02%ポイント	0.93%ポイント	-0.11%ポイント
9	2000	2.26%	1.88%ポイント	0.05%ポイント	0.33%ポイント
10	2001	0.36%	0.80%ポイント	0.42%ポイント	-0.86%ポイント
11	2002	0.29%	-0.63%ポイント	0.13%ポイント	0.80%ポイント
12	2003	1.69%	1.24%ポイント	-0.22%ポイント	0.66%ポイント
13	2004	2.36%	1.68%ポイント	-0.15%ポイント	0.83%ポイント
14	2005	1.30%	1.33%ポイント	-0.37%ポイント	0.34%ポイント
15	2006	1.69%	1.09%ポイント	-0.24%ポイント	0.84%ポイント
16	2007	2.19%	1.20%ポイント	-0.08%ポイント	1.07%ポイント
17	2008	-1.04%	-0.89%ポイント	-0.32%ポイント	0.18%ポイント
18	2009	-5.53%	-4.55%ポイント	0.66%ポイント	-1.64%ポイント
19	2010	4.44%	2.27%ポイント	0.42%ポイント	1.75%ポイント

図13-2　実質経済成長率，各需要項目の寄与度の表

図13-2のように実質経済成長率，各需要項目の寄与度の表が完成します。

第13章 寄与度や寄与率から，日本経済の成長要因を知ろう

ステップ2 表13-1の情報を加工し，各需要項目の寄与率を求めます。

ある需要項目Aの寄与率は「Aの寄与度÷実質経済成長率」と計算されます。1995年の民間需要の寄与率（**O4**）に「**+J4/I4**」という式を入力します。寄与度の場合と同様に，この数式を下方向にコピーすると他の年の民間需要の寄与率が計算されますが，公的需要や外国需要の寄与率を計算するために右方向にコピーするには，常に経済成長率で割るために分母は**I**列で固定する必要があります。「**+J4/$I4**」と数式を加工し，下方向，右方向にコピーし，各需要項目の寄与率を計算します。

小数第2位のパーセント表示にすれば，図13-3のように表が完成します。

年	民間需要	公的需要	外国需要
1995	92.60%	32.71%	-25.31%
1996	87.20%	38.03%	-25.23%
1997	75.03%	-34.93%	59.90%
1998	109.46%	10.32%	-19.78%
1999	512.39%	-467.90%	55.51%
2000	83.48%	1.99%	14.53%
2001	223.98%	118.88%	-242.85%
2002	-218.65%	43.56%	275.09%
2003	73.73%	-12.98%	39.25%
2004	71.03%	-6.21%	35.17%
2005	102.10%	-28.56%	26.47%
2006	64.64%	-14.08%	49.44%
2007	54.67%	-3.53%	48.86%
2008	85.84%	31.10%	-16.94%
2009	82.29%	-12.01%	29.73%
2010	51.16%	9.42%	39.41%

図13-3 各需要項目の寄与率の表

ステップ3 1995年から2010年の経済成長率と寄与度の複合グラフを作成します。

【1】 グラフを描く領域として，図13-2に表示されている**H3:L19**の領域を選択します。

【2】 ［挿入］タブ［グラフ］グループから［組み合わせ］ボタンをクリックし「集合縦棒－第2軸の折れ線」を選択します。土台になるグラフが現れます（下左図）ので，適切な

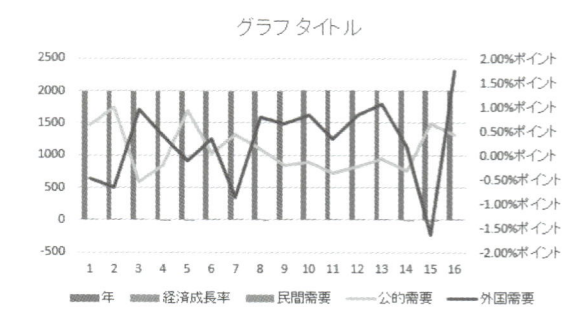

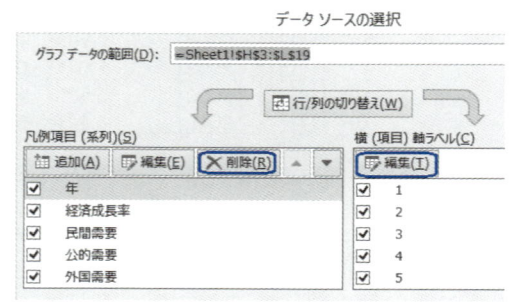

グラフに修正していきます。

① 横軸の目盛りに表示したい「年」が変数と認識されてしまっています。［グラフツール］［デザイン］タブの［データ］グループ［データの選択］ボタンをクリックします。［データソースの選択］ボックス（上右図）で，［凡例項目］の「年」を選択し［削除］。続いて［編集］をクリックし，［軸ラベル］ボックスが表示されたら，マウスで横軸に入力したい箇所（1995 年から 2010 年，**H4:H19**）を選択し，［OK］を押します。［データソースの選択］に戻りますので［OK］を押せば，グラフの横軸に年号が表示されます。

② この段階では，経済成長率と民間需要は棒グラフで第 1 軸に目盛りが，公的需要と外国需要は折れ線グラフで第 2 軸に目盛りが表されています。［グラフツール］［デザイン］タブの［種類］グループの［グラフの種類の変更］ボタンを押すか，またはいずれかの系列を選択し右ボタンをクリックし［系列グラフの種類の変更］を選択します。現れた［グラフの種類の変更］ダイアログボックス（下左図）で，経済成長率は折れ線グラフで目盛りを第 1 軸に，3 つの需要項目は棒（集合縦棒）グラフで目盛りを第 2 軸に表示するように変更します（下右図）。

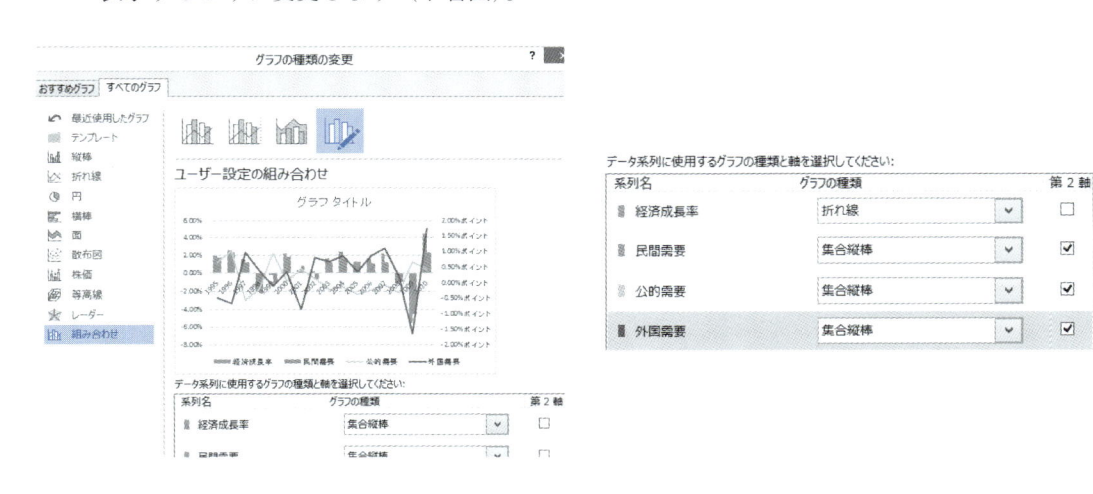

おおむね形が整ってきました（上左図）。微調整を行います。

③ 適切なタイトルを付けます。

④ 両軸とも目盛りに単位が表示されていますので，あらためて軸に単位を表示する必要はありません。ただ，このままでは各変数の動きを見る際に，どちらの軸を見たらよいかわかりません。軸ラベルを表示します。グラフ右上隅の［グラフ要素］ボタン ＋ をクリックするか，［グラフツール］［デザイン］グループ［グラフのレイアウト］タブ［グラフ要素を追加］ボタン［軸ラベル］で適切な軸名を指定するかして，第 1・第 2 縦軸に軸ラベルの入力スペースを確保し，適切な名称を記入します。

⑤ 横軸の表示が斜めになっている場合は，適切な表示形式に修正します。軸上を選択し右ボタンをクリック，［軸の書式設定］で［軸のオプション］［サイズとプロパティ］

（または［文字のオプション］［テキストボックス］）を選択，「文字列の方向」を修正します．

⑥　下左図では横軸は縦軸の目盛りが 0 の位置に自動表示されています．間違いではありませんが，横軸の位置を希望の場所に修正したい場合は，縦軸の上で右ボタンをクリックし［軸の書式設定］を選択．［軸のオプション］［横軸との交点］で［自動］が選択されていますが，「軸の値」を選択し，適切な数値を入力します（下右図，ここでは最下方の「-8.00％」を選ぶため「-0.08」と入力）．

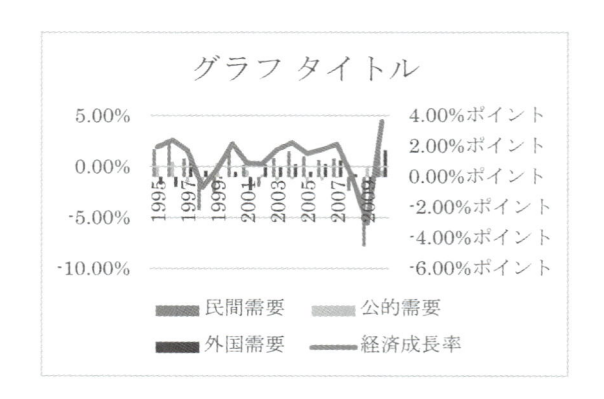

グラフが完成します（図 13-4）．

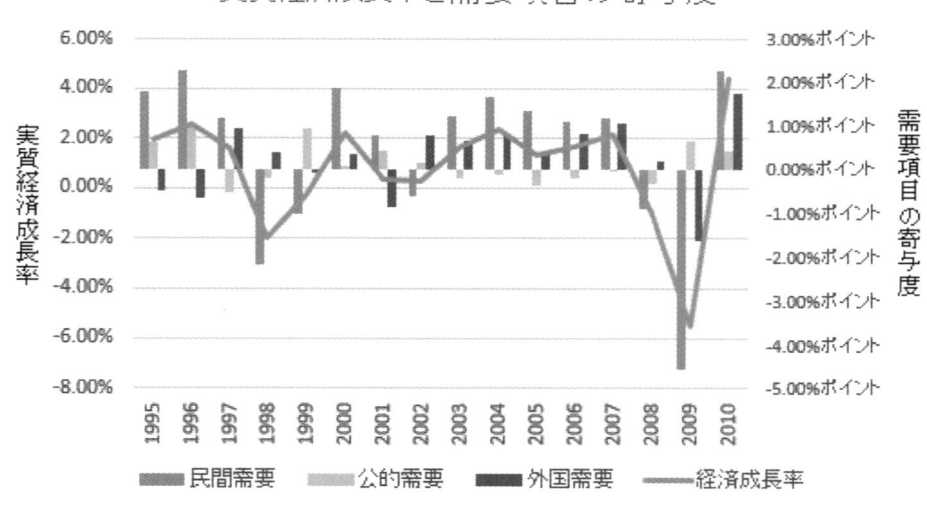

図 13-4　実質経済成長率と需要項目の寄与度の推移（1995 年～2010 年）

ステップ 4　得られた表やグラフから，この期間の経済の動きについて特徴をとらえてみましょう．

さまざまな角度からの検討が可能ですが，ポイントのみ紹介しておきます．

まず実質経済成長率の動きを見ます。1995年から97年，2000年，2003年から2007年にかけて経済成長率は2％前後を達成しており緩やかな経済成長が，2010年には4％を超える堅調な景気回復が見られます。一方，この15年間に3回の経済後退が見られ（1998〜99年，2001〜2年，2008〜9年），このうち1998〜99年，2008〜9年では実質経済成長率はマイナスとなっています（なお，戦後の日本経済で実質経済成長率がマイナスになったのは，この2回以外には第1次石油ショックによる1974年のみです）。これらの景気後退はなぜ起こったのか，理由やきっかけになった出来事は何か，調べてみましょう。

次に，需要項目の寄与度の動きを見てみましょう。まず目に付くのは，民間需要の寄与度の動きが経済成長率の動きと強く呼応していることです。

景気の良し悪しに民間需要（消費や投資）が大きく影響していることがわかります。民間需要に比べると公的需要の寄与度は小さく，特に2000年代に入るとその動きがたいへん小さくなります。このことは第12章で見た財政赤字の巨大化と関連があるのでしょうか。

なお2009年の大きな経済後退の際にはその近年にない財政出動が見られます。しかしそれだけでは2009年の大きな落ち込みを支えることはできていません。

外国需要は独特の動きをしているように見えますが，これはその内容が純輸出＝輸出－輸入であり，2つの異なる動きをするものの合計だからです。外国為替の動きや日本国内の景気などの影響が複合的に絡み合った結果です。2000年代前半おおむね1％ポイントで推移した外国需要の寄与度は，2009年には大きなマイナス要因に，2010年には大きなプラス要因になっています。この背景にはどのような動き，要因があるのでしょうか。背景事情をいろいろな角度から考えてみましょう。

以上，国民経済計算（**2005年基準・93SNA**）データを利用して，1994年から2010年までの日本経済の動きを見てみました。**2000年基準・93SNA** ならば1980年〜2009年のデータが，**1995年基準・93SNA** なら1980年から2003年が，**1990年基準・68SNA** によるデータは1955年から1998年までが利用可能です（たいへん大がかりな計算のため，時代の要請に伴い体系を変更したり，基準年を変更したりした場合に遡及される期間に限りがあります。このため，変則的な期間のデータが利用可能となっています）。

68SNAによるデータを使えば高度成長期の動きや石油危機の影響なども見ることができますし，円高の進行やバブル経済前後の動きは1995年あるいは2000年基準の93SNAデータからとらえることができます。機会があればこれらのデータやその分析結果にも目を通すようにしましょう。

索　引

あ　行

アクティブセル　iv

上付き文字　11, 18

円グラフ　28

オートSUM　16
オプションボタン　iv
折り返して表示　11
折れ線グラフ　37

か　行

回帰分析　104
階級数　69
階級値　70
階級幅　69
拡張子　6
株価チャートグラフ　92
関数　12
関数の挿入　15
関数の挿入ボタン　iv
関数の引数　15
カンマ区切り　10
カンマ区切り方式　6

行の挿入　29
行の高さの変更　11
行の列幅の変更　10
行番号　iv
寄与度　137

寄与率　138
均等分配線　108, 109, 113

グラフタイトル　37
グラフデータの範囲　41
グラフの外枠を表示　59
グループ　iv
クロスセクションデータ　34, 66

系列のオプション　61
系列名の変更　113
月次データ　34

合計　15
降順　57
コピー　8
コマンドボタン　iv

さ　行

最小値　69
最大値　69
最頻値　68
散布図　96, 101
サンプリング　89

軸のオプション　38, 44
軸の書式設定　19, 21, 38
時系列データ　34
指数　122
シート見出し　iv
ジニ係数　107, 109, 114
四半期データ　34

四分位数　86, 91
四分位範囲　86

数式の入力　8
数式バー　iv
数値の表示形式　10

絶対番地　13, 24, 27
全数調査　3, 88
センタリング　10

相関係数　96, 99, 104
相対番地　13, 23

た 行

ダイアログボックスランチャー　iv
対前期比増減率　41
対前年比増減率　41
タイトルバー　iv
第2軸を使った複合グラフ　59
第2軸を用いる　83
タブ　iv

中央値　68, 74

積み上げ縦棒グラフ　48
積み上げ棒グラフ　46

テキストボックス　18
データ系列の書式設定　30
データソースの選択　41
データの選択　41
データの並べ替え　57
データの入手　3
データ変数の追加　113
データラベルの書式設定　31
データラベルの追加　30

デフォルト　13

度数　70
度数分布表　67, 69

な 行

名前ボックス　iv

年次データ　34

は 行

箱ひげ図　86
外れ値　104
パーセント表示　48
離れたセルの選択　17
貼り付け　26
貼り付けのオプション　19, 26
パレート図　53
範囲　70, 77
半角英数モード　8
凡例　19

ヒストグラム　67
標準偏差　77, 85
表の貼り付け　19
標本　89
標本調査　3, 88

複合グラフ　56
分散　77
分析ツール　105
分布　67

平均　68, 74
偏差　78
変動係数　79, 85

棒グラフ　17
棒グラフの間の空白スペースをなくす　61
母集団　89

ま 行

無名数　79

メジアン　68
目盛りの変更　38, 59

モード　68
文字飾り　11
文字の配置　11
文字列の方向　19, 38

や 行

有効数字　9
ユーザー定義　141

横軸と縦軸の変数を入れ替える　102

ら 行

ラベルの表示　31, 60

リボン　iv

列名　iv

ローレンツ曲線　107, 109, 112

わ 行

ワークシート　iv

記号・数字・欧字

％ポイント　137

100％積み上げ縦棒グラフ　51
100％積み上げ棒グラフ　47

AVERAGE　68, 74
CORREL　99, 104
COUNTIF　70
csv　6
CSV 形式　6
e-Stat　4
Excel 97-2003 ブック形式　6
MAX　69
MEDIAN　68, 74
MIN　69
MODE　68
pdf　6
QUARTILE.INC　91
STDEV　77
STDEV.S　77, 85
SUM　15
VAR　77
VAR.S　77
xls　6

著者略歴

橋本　紀子（はしもと　のりこ）

1982 年　神戸大学経済学部卒業
1987 年　神戸大学大学院経済学研究科博士後期課程
　　　　 所定単位修得後退学
現　在　関西大学経済学部教授
　　　　 博士（経済学，神戸大学）

主要著書

『経済・商学系のための情報リテラシー入門（三訂版）』（共著，2011 年，同文舘出版）

『R と R コマンダーではじめる多変量解析』（共著，2007 年，日科技連出版社）

Excel で読み取る　経済データ分析

2013 年 9 月 10 日　ⓒ　　　　初 版 発 行
2023 年 2 月 10 日　　　　　　初版第 8 刷発行

著　者　橋本紀子　　　　発行者　森平敏孝
　　　　　　　　　　　　印刷者　中澤　眞
　　　　　　　　　　　　製本者　小西惠介

【発行】　　　　　　　　　　　株式会社　新世社
〒 151-0051　東京都渋谷区千駄ヶ谷 1 丁目 3 番 25 号
☎ (03) 5474-8818(代)　　　　サイエンスビル

【発売】　　　　　　　　　　　株式会社　サイエンス社
〒 151-0051　東京都渋谷区千駄ヶ谷 1 丁目 3 番 25 号
営業 ☎ (03) 5474-8500(代)　　　振替 00170-7-2387
FAX ☎ (03) 5474-8900

印刷　(株)シナノ　　　　製本　ブックアート
《検印省略》

本書の内容を無断で複写複製することは，著作者および出版者の権利を侵害することがありますので，その場合にはあらかじめ小社あて許諾をお求め下さい。

ISBN 978-4-88384-199-8
PRINTED IN JAPAN

サイエンス社・新世社のホームページのご案内
https://www.saiensu.co.jp
ご意見・ご要望は
shin@saiensu.co.jp まで．

コンパクト 経済学ライブラリ 7

コンパクト 日本経済論

原田　泰 著
四六判／240頁／本体1,800円（税抜き）

日本経済論の目的は，日本経済について経済理論に即した見方を身に付けることにある．本書では，まず現実のデータから出発し，標準的な経済理論を基にそれを読み解き，日本が直面する経済現象に対して，経済学の原理・原則に基づいたきちんとした理解が得られることに重点を置いた．扱われるテーマは，豊かな国の条件，９０年代の経済停滞，経済成長の要因や経済変動の仕組み，格差の分析，グローバリズムの影響，少子高齢化問題など多岐にわたる．本文解説の対向面に２色刷図表を配した左右見開き構成により一層の読みやすさを実現．学生をはじめ一般社会人にも好適．

【主要目次】
はじめに──日本経済論とは何か／豊かな国，貧しい国／同じ国が停滞し，また発展するのはなぜか(1)──成長会計による分析／同じ国が停滞し，また発展するのはなぜか(2)──生産性の国際比較／経済変動／失業とインフレーション／所得分配と格差社会／グローバリゼーションはどれだけ重要か／人口減少と少子高齢化

発行　新世社　　　　発売　サイエンス社

コンパクト 経済学ライブラリ 8

コンパクト
統 計 学

川出真清 著
四六判／224頁／本体1,600円（税抜き）

「入門書を読むための入門書」というコンセプトにより，初学者にはなじみにくい統計学特有の発想法や論理展開が腑に落ちるように意を払って書かれた，この上なくやさしいテキスト．イラストや図解を多用して，項目毎に左右見開き構成でまとめた．基本的な統計分析手法を中心に解説し，計量経済学への接続も配慮した．2色刷．

【主要目次】
統計学の役割と全体像——転ばぬ先の杖／データの種類と収集方法——素材の種類と集め方から／基本的な統計手法——統計表現の形を知る／確率論の基礎——確率論へちょっと寄り道／統計と確率の関係——推測統計の入り口／推定——推測統計で推し定めてみよう／仮説検定——推測統計でいろいろな主張をテストしよう／相関を推測する回帰分析——計量経済学の入り口

発行　新世社　　　発売　サイエンス社

グラフィック[経済学]

1. グラフィック 経済学 第2版
浅子和美・石黒順子共著 400頁・本体2,300円

2. グラフィック マクロ経済学 第2版
宮川 努・滝澤美帆共著 424頁・本体2,500円

3. グラフィック ミクロ経済学 第2版
金谷貞男・吉田真理子共著 328頁・本体2,500円

4. グラフィック 財政学
釣 雅雄・宮崎智視共著 320頁・本体2,600円

5. グラフィック 金融論 第2版
細野 薫・石原秀彦・渡部和孝共著 328頁・本体2,750円

8. グラフィック 統計学
西尾 敦著 352頁・本体2,400円

9. グラフィック 環境経済学
浅子和美・落合勝昭・落合由紀子共著 416頁・本体2,900円

※表示価格はすべて税抜きです。

発行　新世社　　　発売　サイエンス社